Hans-Georg Beckmann

Neue
Spanische
Grammatik

KOMPAKT

dnf-Verlag

Neue Spanische Grammatik *KOMPAKT*

von
Hans-Georg Beckmann

unter Mitarbeit von
Franzisco Uszcanga-Meinecke

unter der Leitung
der Verlagsredaktion Sprachen, dnf-Verlag DAS NEUE FACHBUCH GmbH.

ISBN 3-931104-64-8

1. Auflage 10 I 98

Gestaltung und Gesamtherstellung: Studio Maurus, Germany.

Inhaltsverzeichnis

DAS ALPHABET

DAS VERB

DER ARTIKEL

DAS SUBSTANTIV

DAS ADJEKTIV

Inhaltsverzeichnis

Abkürzungen

Adj.stamm	Adjektivstamm	Plur.	Plural
afirm.	afirmativo	Pres.	presente
		pret. indef.	pretérito indefinido
best. Artikel	bestimmter Artikel		
bzw.	beziehungsweise	Rel. pron.	Relativpronomen
Con.	condicional	Sing.	Singular
C. P.	condicional perfecto	Sub.	subjuntivo
		Subjektpron.	Subjektpronomen
d. h.	das heißt		
dir.	direkt	unbest. Artikel	unbestimmter Artikel
etc.	etcetera	Vd.	usted
		Vds.	ustedes
fem.	feminin	VG	Verbgruppe
F. P.	futuro perfecto		
Fut.	futuro, Futur	z. B.	zum Beispiel
Ger.	gerundio		
Imp.	imperativo, Imperativ		
Imperf.	imperfecto		
Ind.	Indikativ, indicativo		
indir.	indirekt		
Inf.	Infinitiv, infinitivo		
Int. pron.	Interrogativpronomen		
mask.	maskulin		
Mod.	Modus, modo		
negat.	negativo		
neutr.	neutrum		
Nu.	Numerus		
Obj.	Objekt		
Obj. pron.	Objektpronomen		
P. A.	pretérito anterior		
P. C.	pluscuamperfecto		
P. I.	pretérito indefinido		
P. P.	pretérito perfecto		
Part.	participio, Partizip		
Perf.	perfecto, Perfekt		
Pers.	Person		

Das Alphabet (el alfabeto)

Buchstabe	Aussprache	Buchstabe	Aussprache
a	[a]	n	[ene]
b	[be]	ñ	[eɲe]
c	[θe]	o	[o]
ch	[tʃe]	p	[pe]
d	[de]	q	[ku]
e	[e]	r	[ere]
f	[efe]	s	[ese]
g	[xe]	t	[te]
h	[atʃe]	u	[u]
i	[i]	v	[ube]
j	[xota]	w	[ube doble]
k	[ka]	x	[ekis]
l	[ele]	y	[i griega]
ll	[eʎe]	z	[θeda, θeta]
m	[eme]		

Die oben verwendeten Zeichen der internationalen Lautschrift werden wie folgt ausgesprochen:
[θ] stimmloser (scharfer) Lispellaut,
[ʃ] stimmloses (scharfes) -sch,
[x] ch-Laut,
[ʎ] mouilliertes -l (Verschmelzung aus -l und -j)
[ɲ] gn-Laut.

6

Die Konjugation (la conjugación)

Konjugation (Beugung) bedeutet Abwandlung des Infinitivs des Verbs (z. B. **amar**) bezüglich Person, Zeit und Modus, d. h. der Verbstamm des Verbs (z. B. **am**) wird nicht verändert, während die Verbendung bezüglich der jeweiligen Person, Zeit und des Modus entsprechend abgewandelt wird. Der Verbstamm wird ermittelt, indem man die zu einer Hauptgruppe gehörende Endung vom vollständigen Infinitiv abtrennt. Die Personalpronomen werden meist weggelassen, sie dienen nur zur Hervorhebung.

	Stamm	Endung (im presente)
(yo)	am	o
(tú)	am	as
(él/ella)	am	a
(nosotros, -as)	am	amos
(vosotros, -as)	am	áis
(ellos/ellas)	am	an

Die Verben lassen sich in die Konjugationsgruppen von **haber, ser** und **estar**,
der Verben auf **-AR**,
der Verben auf **-ER** und
der Verben auf **-IR**
einteilen.

Die Konjugation der einzelnen Hauptgruppen ist im Folgenden anhand jeweils eines Beispielverbs dargestellt. Die einzelnen Untergruppen und ihre Besonderheiten sind in einer Zusammenfassung im Anschluss an die Hauptgruppen dargestellt.

Die Konjugation von estar

Mod.	Zeit	1. Person Singular		2. Person Singular		3. Person Singular	
Ind.	Pres.		estoy		estás		está
	Imperf.		estaba		estabas		estaba
	P. I.		estuve		estuviste		estuvo
	P. P.	he	estado	has	estado	ha	estado
	P. C.	había	estado	habías	estado	había	estado
	P. A.	hube	estado	hubiste	estado	hubo	estado
	Fut.		estaré		estarás		estará
	F. P.	habré	estado	habrás	estado	habrá	estado
Con.	Con.		estaría		estarías		estaría
	C. P.	habría	estado	habrías	estado	habría	estado
Sub.	Pres.		esté		estés		esté
	Imperf.		estuviera estuviese		estuvieras estuvieses		estuviera estuviese
	P. P.	haya	estado	hayas	estado	haya	estado
	P. C.	hubiera hubiese	estado estado	hubieras hubieses	estado estado	hubiera hubiese	estado estado
Imp.	afirm.				está		esté
	negat.			no	estés	no	esté
Inf.	Pres.		estar				
	Perf.	haber	estado				
Part.			estado				
Ger.	Pres.		estando				

1. Person Plural		2. Person Plural		3. Person Plural	
	estamos		estáis		están
	estábamos		estabais		estaban
	estuvimos		estuvisteis		estuvieron
hemos	estado	habéis	estado	han	estado
habíamos	estado	habíais	estado	habían	estado
hubimos	estado	hubisteis	estado	hubieron	estado
	estaremos		estaréis		estarán
habremos	estado	habréis	estado	habrán	estado
	estaríamos		estaríais		estarían
habríamos	estado	habríais	estado	habrían	estado
	estemos		estéis		estén
	estuviéramos		estuvierais		estuvieran
	estuviésemos		estuvieseis		estuviesen
hayamos	estado	hayáis	estado	hayan	estado
hubiéramos	estado	hubierais	estado	hubieran	estado
hubiésemos	estado	hubieseis	estado	hubiesen	estado
	estemos		estad		estén
no	estemos	no	estéis	no	estén

Die Konjugation von ser

Mod.	Zeit	1. Person Singular	2. Person Singular	3. Person Singular
Ind.	Pres.	soy	eres	es
	Imperf.	era	eras	era
	P. I.	fui	fuiste	fue
	Fut.	seré	serás	será
Con.	Con.	sería	serías	sería
Sub.	Pres.	sea	seas	sea
	Imperf.	fuera fuese	fueras fueses	fuera fuese
Imp.	afirm.		sé	sea
	negat.		no seas	no sea
Inf. Pres.: ser			Inf. Perf.: haber sido	

Die Konjugation von haber

Mod.	Zeit	1. Person Singular	2. Person Singular	3. Person Singular
Ind.	Pres.	he	has	ha (hay)
	Imperf.	había	habías	había
	P. I.	hube	hubiste	hubo
	Fut.	habré	habrás	habrá
Con.	Con.	habría	habrías	habría
Sub.	Pres.	haya	hayas	haya
	Imperf.	hubiera hubiese	hubieras hubieses	hubiera hubiese
Imp.	afirm.		he	haya
	negat.		no hayas	no haya
Inf. Pres.: haber			Inf. Perf.: haber habido	

Als Hilfsverb dient **haber** zur Bildung der zusammengesetzten Zeiten aller Verben. Als Voll persönlicher Bedeutung verwendet. In der Bedeutung *haben, besitzen* wird als Vollverb form mit der Bedeutung *es gibt*.

1. Person Plural	2. Person Plural	3. Person Plural
somos	sois	son
éramos	erais	eran
fuimos	fuisteis	fueron
s*eremos*	s*eréis*	s*erán*
s*eríamos*	s*eríais*	s*erían*
seamos	seáis	sean
fuéramos	fuerais	fueran
fuésemos	fueseis	fuesen
seamos	s*ed*	sean
no seamos	no seáis	no sean
Part. s*ido*	Ger.: s*iendo*	

1. Person Plural	2. Person Plural	3. Person Plural
hemos	hab*éis*	han
hab*íamos*	hab*íais*	hab*ían*
hubimos	hubisteis	hubieron
habremos	habréis	habrán
habríamos	habríais	habrían
hayamos	hayáis	hayan
hubiéramos	hubierais	hubieran
hubiésemos	hubieseis	hubiesen
hayamos	hab*ed*	hayan
no hayamos	no hayáis	no hayan
Part. hab*ido*	Ger.: hab*iendo*	

verb wird es in den zusammengesetzten Zeiten vor allem in der 3. Person Singular in unter verwendet (**he tenido un libro** (ich habe ein Buch gehabt). **Hay** ist die unpersönliche Verb-

DAS VERB

Die Konjugation der Verben auf -AR

Mod.	Zeit	1. Person Singular	2. Person Singular	3. Person Singular
Ind.	Pres.	am*o*	am*as*	am*a*
	Imperf.	am*aba*	am*abas*	am*aba*
	P. I.	am*é*	am*aste*	am*ó*
	Fut.	am*aré*	am*arás*	am*ará*
Con.	Con.	am*aría*	am*arías*	am*aría*
Sub.	Pres.	am*e*	am*es*	am*e*
	Imperf.	am*ara, -ase*	am*aras, -ases*	am*ara, -ase*
Imp.	afirm.		am*a*	am*e*
	negat.		no am*es*	no am*e*
Inf. Pres.: am*ar*			Inf. Perf.: *haber* am*ado*	

Die Konjugation der Verben auf -ER

Mod.	Zeit	1. Person Singular	2. Person Singular	3. Person Singular
Ind.	Pres.	beb*o*	beb*es*	beb*e*
	Imperf.	beb*ía*	beb*ías*	beb*ía*
	P. I.	beb*í*	beb*iste*	beb*ió*
	Fut.	beb*eré*	beb*erás*	beb*erá*
Con.	Con.	beb*ería*	beb*erías*	beb*ería*
Sub.	Pres.	beb*a*	beb*as*	beb*a*
	Imperf.	beb*iera, -iese*	beb*ieras, -ieses*	beb*iera, -iese*
Imp.	afirm.		beb*e*	beb*a*
	negat.		no beb*as*	no beb*a*
Inf. Pres.: beb*er*			Inf. Perf.: *haber* beb*ido*	

Die Konjugation der Verben auf -IR

Mod.	Zeit	1. Person Singular	2. Person Singular	3. Person Singular
Ind.	Pres.	part*o*	part*es*	part*e*
	Imperf.	part*ía*	part*ías*	part*ía*
	P. I.	part*í*	part*iste*	part*ió*
	Fut.	part*iré*	part*irás*	part*irá*
Con.	Con.	part*iría*	part*irías*	part*iría*
Sub.	Pres.	part*a*	part*as*	part*a*
	Imperf.	part*iera, -iese*	part*ieras, -ieses*	part*iera, -iese*
Imp.	afirm.		part*e*	part*a*
	negat.		no part*as*	no part*a*
Inf. Pres.: part*ir*			Inf. Perf.: *haber* part*ido*	

1. Person Plural	2. Person Plural	3. Person Plural
am*amos*	am*áis*	am*an*
am*ábamos*	am*abais*	am*aban*
am*amos*	am*asteis*	am*aron*
am*aremos*	am*aréis*	am*arán*
am*aríamos*	am*aríais*	am*arían*
am*emos*	am*éis*	am*en*
am*áramos, -ásemos*	am*arais, -aseis*	am*aran, -asen*
am*emos*	am*ad*	am*en*
no am*emos*	no am*éis*	no am*en*
Part.: am*ado*	Ger.: am*ando*	

1. Person Plural	2. Person Plural	3. Person Plural
beb*emos*	beb*éis*	beb*en*
beb*íamos*	beb*íais*	beb*ían*
beb*imos*	beb*isteis*	beb*ieron*
beb*eremos*	beb*eréis*	beb*erán*
beb*eríamos*	beb*eríais*	beb*erían*
beb*amos*	beb*áis*	beb*an*
beb*iéramos, -iésemos*	beb*ierais, -ieseis*	beb*ieran, -iesen*
beb*amos*	beb*ed*	beb*an*
no beb*amos*	no beb*áis*	no beb*an*
Part.: beb*ido*	Ger.: beb*iendo*	

1. Person Plural	2. Person Plural	3. Person Plural
part*imos*	part*ís*	part*en*
part*íamos*	part*íais*	part*ían*
part*imos*	part*isteis*	part*ieron*
part*iremos*	part*iréis*	part*irán*
part*iríamos*	part*iríais*	part*irían*
part*amos*	part*áis*	part*an*
part*iéramos, -iésemos*	part*ierais, -ieseis*	part*ieran, -iesen*
part*amos*	part*id*	part*an*
no part*amos*	no part*áis*	no part*an*
Part.: part*ido*	Ger.: part*iendo*	

13

DAS VERB

Die Verben mit orthographischen Änderungen

Werden mehrere Verbformen der folgenden Aufstellungen z. B. regelmäßig konjugiert, ist ebenfalls regelmäßig zu konjugieren, solange bis eine unregelmäßige Verbform anzeigt, Änderung in einer Zeit durch alle Personen hindurch aufweisen oder die durch alle Perso anschließend aufgeführten Aufstellung **Die Konjugation der wichtigsten unregelmäßigen** Dies schließt auch deren Zusammensetzungen mit ein, auch wenn diese nicht ausdrücklich

VG	Konjugationsmerkmal	Presente	Imperfecto	Pret. Indef.
-car	Vor allen Endungen, die mit -e beginnen, wird das **-c** zu **–qu**.	busc*o*	busc*aba*	bus**qu***é* busc*aste*
-gar	Vor allen Endungen, die mit -e beginnen, wird das **-g** zu **-gu**.	pag*o*	pag*aba*	pa**gu***é* pag*aste*
-guar	Vor allen Endungen, die mit -e beginnen, wird das **-gu** zu **-gü**.	fragu*o*	fragu*aba*	fra**gü***é* fragu*aste*
-zar	Vor allen Endungen, die mit -e beginnen, wird das **-z** zu **–c**.	cruz*o*	cruz*aba*	cru**c***é* cruz*aste*
-ebrar **-embl**ar **-end**ar **-ens**ar **-ent**ar **-err**ar **-es**ar **-ev**ar	In allen auf dem Verbstamm betonten Verbformen (1. - 3. Pers. Sing. und 3. Pers. Plur. pres., sub. pres. und imp. pres.) wird das **-e** des Verbstamms zu **-ie** .	p**ie**ns*o* pens*amos* p**ie**ns*an*	pens*aba*	pens*é*
-obar **-ol**ar **-on**ar **-ont(r)**ar **-oñ**ar **-ord**ar **-ost(r)**ar	In allen auf dem Verbstamm betonten Verbformen (1. - 3. Pers. Sing. und 3. Pers. Plur. pres., sub. pres. und imp. pres.) wird das **-o** des Verbstamms zu **-ue**.	m**ue**str*o* mostr*amos* m**ue**str*an*	mostr*aba*	mostr*é*

14

Die Konjugation

stellvertretend die erste regelmäßige Verbform dargestellt. Alle folgenden Verbformen sind dass die folgenden Verbformen unregelmäßig zu konjugieren sind etc. Verbformen, die eine nen hindurch regelmäßig sind, sind nur in der jeweils 1. Person Singular dargestellt. In der **Verben** sind in der Spalte **Infinitiv** die wichtigsten Verben einer Verbgruppe aufgeführt. genannt sind. Alle Endungen sind kursiv, alle Besonderheiten sind fett gedruckt.

Futuro	Condicional	Sub. Pres.	Sub. Imperf.	Imp. afirm.	Participio Gerundio
busc*aré*	busc*aría*	bus**qu**e	busc*ara*/ busc*ase*	busc*a* bus**qu**e busc*ad* bus**qu**en	busc*ado* busc*ando*
pag*aré*	pag*aría*	pa**gu**e	pag*ara*/ pag*ase*	pag*a* pa**gu**e pag*ad* pa**gu**en	pag*ado* pag*ando*
fragu*aré*	fragu*aría*	fra**gü**e	fragu*ara*/ fragu*ase*	fragu*a* fra**gü**e fragu*ad* fra**gü**en	fragu*ado* fragu*ando*
cruz*aré*	cruz*aría*	cru**c**e	cruz*ara*/ cruz*ase*	cruz*a* cru**c**e cruz*ad* cru**c**en	cruz*ado* cruz*ando*
pens*aré*	pens*aría*	p**ie**ns*e* p**ie**ns*emos* p**ie**ns*en*	pens*ara*/ pens*ase*	p**ie**ns*a* pens*emos* p**ie**ns*en*	pens*ado* pens*ando*
mostr*aré*	mostr*aría*	m**ue**str*e* mostr*emos* m**ue**str*en*	mostr*ara*/ mostr*ase*	m**ue**str*a* mostr*emos* m**ue**str*en*	mostr*ado* mostr*ando*

15

DAS VERB

VG	Konjugationsmerkmal	Presente	Imperfecto	Pret. Indef.
jug*ar*	In allen auf dem Verbstamm betonten Verbformen (1. - 3. Pers. Sing. und 3. Pers. Plur. pres., sub. pres. und imp. pres.) wird das **-u** des Verbstamms zu **-ue** und vor Endungen auf **–e** wird das **–g** zu **–gu**.	jue*go* jug*amos* jue*gan*	jug*aba*	jug**ué** jug*aste*
-i*ar*	In allen auf dem Verbstamm betonten Verbformen (1. - 3. Pers. Sing. und 3. Pers. Plur. pres., sub. pres. und imp. pres.) wird das **-i** der Verbstammendung zu **–í**.	cr**í***o* cri*amos* cr**í***an*	cri*aba*	cri**é**
-u*ar*	In allen auf dem Verbstamm betonten Verbformen (1. - 3. Pers. Sing. und 3. Pers. Plur. pres., sub. pres. und imp. pres.) wird das **-u** der Verbstammendung zu **–ú**.	contin**ú***o* continu*amos* contin**ú***an*	continu*aba*	continu**é**
-c*er*	Vor allen Endungen, die mit **–a**, **-o** beginnen, wird das **-c** zu **–z**.	ven**z***o* ven*ces*	ven*cía*	ven*cí*
-ac*er* -ec*er* -oc*er*	Vor allen Endungen, die mit **–a**, **-o** beginnen, wird das **-c** zu **–zc**.	cono**zc***o* conoc*es*	conoc*ía*	conoc*í*
-g*er*	Vor allen Endungen, die mit **–a**, **-o** beginnen, wird das **-g** zu **–j**.	co**j***o* cog*es*	cog*ía*	cog*í*

Futuro	Condicional	Sub. Pres.	Sub. Imperf.	Imp. afirm.	Participio Gerundio
jugaré	jugaría	juegue juguemos jueguen	jugaral jugase	juega juegue juguemos jugad jueguen	jugado jugando
criaré	criaría	críe criemos críen	criaral criase	cría criemos críen	criado criando
continuaré	continuaría	continúe continuemos continúen	continuaral continuase	continúa continuemos continúen	continuado continuando
venceré	vencería	venza	venciera/ venciese	vence venza venced venzan	vencido venciendo
conoceré	conocería	conozca	conociera/ conociese	conoce conozca conoced conozcan	conocido conociendo
cogeré	cogería	coja	cogiera/ cogiese	coge coja coged cojan	cogido cogiendo

DAS VERB

VG	Konjugationsmerkmal	Presente	Imperfecto	Pret. Indef.
-end*er* -*erd*er -*ert*er	In allen auf dem Verbstamm betonten Verbformen (1. - 3. Pers. Sing. und 3. Pers. Plur. pres., sub. pres. und imp. pres.) wird das -e des Verbstamms zu –ie.	p**ie**r*do* perd*emos* p**ie**rd*en*	perd*ía*	perd*í*
-*ord*er -ol*er* -ov*er* -olv*er*	In allen auf dem Verbstamm betonten Verbformen (1. - 3. Pers. Sing. und 3. Pers. Plur. pres., sub. pres. und imp. pres.) wird das -o des Verbstamms zu –ue.	m**ue**v*o* mov*emos* m**ue**v*en* v**ue**lv*o* volv*emos* v**ue**lv*en*	mov*ía* volv*ía*	mov*í* volv*í*
ol*er*	In allen auf dem Verbstamm betonten Verbformen (1. - 3. Pers. Sing. und 3. Pers. Plur. pres., sub. pres. und imp. pres.) wird das Anfangs -o zu –hue.	**hue**l*o* ol*emos* **hue**l*en*	ol*ía*	ol*í*
-c*ir*	Vor allen Endungen, die mit –a, -o beginnen, wird das -c zu –z.	zur**z***o* zurc*es*	zurc*ía*	zurc*í*
-luc*ir*	Vor allen Endungen, die mit –a, -o beginnen, wird das -c zu –zc.	lu**zc***o* luc*es*	luc*ía*	luc*í*
-g*ir*	Vor allen Endungen, die mit –a, -o beginnen, wird das -g zu –j.	diri**j***o* dirig*es*	dirig*ía*	dirig*í*
-gu*ir*	Vor allen Endungen, die mit –a, -o beginnen, wird das -gu zu –g.	disting*o* distingu*es*	distingu*ía*	distingu*í*

Futuro	Condicional	Sub. Pres.	Sub. Imperf.	Imp. afirm.	Participio Gerundio
perd*eré*	perd*ería*	**pi**er*da* perd*amos* **pi**er*dan*	perd*iera/* perd*iese*	**pi**er*de* perd*amos* **pi**er*dan*	perd*ido* perd*iendo*
mov*eré* volv*eré*	mov*ería* volv*ería*	**mueva** mov*amos* **muevan** **vuelva** volv*amos* **vuelvan**	mov*iera/* mov*iese* volv*iera/* volv*iese*	**mueve** mov*amos* **muevan** **vuelve** volv*amos* **vuelvan**	mov*ido* mov*iendo* **vuelto** volv*iendo*
ol*eré*	ol*ería*	**huela** ol*amos* **huelan**	ol*iera/* ol*iese*	**huele** ol*amos* **huelan**	ol*ido* ol*iendo*
zurc*iré*	zurc*iría*	zur**za**	zurc*iera/* zurc*iese*	zurc*e* zur**za** zurc*id* zur**zan**	zurc*ido* zurc*iendo*
luc*iré*	luc*iría*	lu**zc**a	luc*iera/* luc*iese*	luc*e* lu**zc**a luc*id* lu**zc**an	luc*ido* luc*iendo*
dirig*iré*	dirig*iría*	diri**j**a	dirig*iera/* dirig*iese*	dirig*e* diri**j**a dirig*id* diri**j**an	dirig*ido* dirig*iendo*
distingu*iré*	distingu*iría*	distin**g**a	distingu*iera/* distingu*iese*	distingu*e* distin**g**a distingu*id* distin**g**an	distingu*ido* distingu*iendo*

DAS VERB

VG	Konjugationsmerkmal	Presente	Imperfecto	Pret. Indef.
-qui*r*	Vor allen Endungen, die mit –a, -o beginnen, wird das **-qu** zu **–c**.	delin**c**o delin**qu**es	delinqu*í*a	delinqu*í*
-erni*r*	In allen auf dem Verbstamm betonten Verbformen (1. - 3. Pers. Sing. und 3. Pers. Plur. pres., sub. pres. und imp. pres.) wird das **-e** des Verbstamms zu –ie.	disc**ie**rno discern*imos* disc**ie**rn*en*	discern*í*a	discern*í*
-iri*r*	In allen auf dem Verbstamm betonten Verbformen (1. - 3. Pers. Sing. und 3. Pers. Plur. pres., sub. pres. und imp. pres.) wird das **-i** des Verbstamms zu –ie.	adqu**ie**ro adquir*imos* adqu**ie**r*en*	adquir*í*a	adquir*í*

Die Konjugation der wichtigsten unregelmäßigen Verben

Infinitivo	Presente	Imperfecto	Pret. Indef.	Futuro
and*ar*	and*o*	and*aba*	and***uve*** and***uviste*** and***uvo*** and***uvimos*** and***uvisteis*** and***uvieron***	and*aré*
d*ar*	d*oy* d*as* d***ais*** d*an*	d*aba*	d*í* d***iste*** d***io*** d***imos*** d***isteis*** d***ieron***	d*aré*
val*er*	val**g**o val*es*	val*í*a	val*í*	val**d***ré*

Futuro	Condicional	Sub. Pres.	Sub. Imperf.	Imp. afirm.	Participio Gerundio
delinquiré	delinquiría	delinca	delinquiera/ delinquiese	delinque delinca delinquid delincan	delinquido delinquiendo
discerniré	discerniría	discierna discernamos disciernan	discerniera/ discerniese	discierne discernamos disciernan	discernido discerniendo
adquiriré	adquiriría	adquiera adquiramos adquieran	adquiriera/ adquiriese	adquiere adquiramos adquieran	adquirido adquiriendo

Condicional	Sub. Pres.	Sub. Imperf.	Imp. afirm.	Participio Gerundio
andaría	ande	and**uviera/-iese** and**uvieras/-ieses** and**uviera/-iese** and**uviéramos/-iésemos** and**uvierais/-ieseis** and**uvieran/-iesen**	anda	andado andando
daría	dé des dé demos deis den	d**iera/-iese** d**ieras/-ieses** d**iera/-iese** d**iéramos/-iésemos** d**ierais/-ieseis** d**ieran/-iesen**	da dé demos	dado dando
valdría	valga	valiera/ valiese	val(e) valga valed valgan	valido valiendo

21

DAS VERB

Infinitivo	Presente	Imperfecto	Pret. Indef.	Futuro
cre*er* le*er* pose*er* prove*er*	le*o*	le*ía*	le*í* le*íste* le*yó* le*ímos* le*ísteis* le*yeron*	le*eré*
ca*er*	ca**ig***o* ca*es*	ca*ía*	ca*í* ca*íste* ca*yó* ca*ímos* ca*ísteis* ca*yeron*	ca*eré*
tra*er*	tra**ig***o* tra*es*	tra*ía*	tra***je*** tra***jiste*** tra***jó*** tra***jimos*** tra***jisteis*** tra***jeron***	tra*eré*
cab*er*	**quep***o* cab*es*	cab*ía*	**cup***e* **cup***iste* **cup***o* **cup***imos*	cab***ré***
hac*er* satisfac*er*	ha**g***o* hac*es*	hac*ía*	**hic***e* **hic***iste* **hiz***o* **hic***imos*	**ha***ré*
pod*er*	**pue***do* pod*emos* **pue***den*	pod*ía*	**pud***e* **pud***iste* **pud***o* **pud***imos*	pod***ré***
pon*er*	pon**g***o* pon*es*	pon*ía*	**pus***e* **pus***iste* **pus***o* **pus***imos*	pon***dré***
quer*er*	qu**ie***ro* quer*emos* qu**ie***ren*	quer*ía*	**quis***e* **quis***iste* **quis***o* **quis***imos*	quer***ré***

22

Condicional	Sub. Pres.	Sub. Imperf.	Imp. afirm.	Participio Gerundio
lee*ría*	le*a*	le**yera**/ le**yese**	lee*e*	le**ído** le**yendo**
cae*ría*	ca**ig***a*	ca**yera**/ ca**yese**	cae*e* ca**ig***a* cae*ed* ca**ig***an*	ca**ído** ca**yendo**
tra*ería*	tra**ig***a*	tra**jera**/ tra**jese**	trae*e* tra**ig***a* tra*ed* tra**ig***an*	tra**ído** tra**yendo**
cab**ría**	**quep***a*	cup*iera*/ cup*iese*	cab*e* **quep***a* cab*ed* **quep***an*	cab*ido* cab*iendo*
ha**ría**	ha**g***a*	hic*iera*/ hic*iese*	**haz** ha**g***a* hac*ed* ha**g***an*	**hecho** hac*iendo*
pod**ría**	**pued***a* pod*amos* **pued***an*	pud*iera*/ pud*iese*	**pued***e* pod*amos* **pued***an*	pod*ido* pud*iendo*
pond**ría**	pon**g***a*	pus*iera*/ pus*iese*	**pon** pon**g***a* pon*ed* pon**g***an*	**puesto** pon*iendo*
quer**ría**	qu**ier***a* quer*amos* qu**ier***an*	**quis***iera*/ **quis***iese*	qu**ier***e* quer*amos* qu**ier***an*	quer*ido* quer*iendo*

23

DAS VERB

Infinitivo	Presente	Imperfecto	Pret. Indef.	Futuro
sab*er*	**sé** sab*es*	sab*ía*	**supe** **sup***iste* **supo** **sup***imos*	sab**ré**
ten*er*	teng*o* tien*es* ten*emos* tien*en*	ten*ía*	**tuve** **tuv***iste* **tuvo** **tuv***imos*	ten**dré**
v*er*	**veo** v*es* v**eis** v*en*	v**eía**	**vi** v*iste* v**io** v*imos*	v*eré*
conduc*ir* introduc*ir* produc*ir* reduc*ir* traduc*ir*	condu**zco** conduc*es*	conduc*ía*	condu**je** condu**jiste** condu**jo** condu**jimos** condu**jeron**	conduc*iré*
difer*ir* divert*ir* ment*ir* prefer*ir* refer*ir* sent*ir*	s**ie**nt*o* sent*imos* s**ie**nt*en*	sent*ía*	sent*í* s**i**nt*ió* sent*imos* s**i**nt*ieron*	sent*iré*
med*ir* ped*ir* repet*ir* serv*ir* vest*ir*	m**i**d*o* med*imos* m**i**d*en*	med*ía*	med*í* m**i**d*ió* med*imos* m**i**d*ieron*	med*iré*
re*ír*	rí*o* re**ímos** re*ís* rí*en*	re*ía*	re*í* re**íste** rí*ó* re**ímos** re**ísteis** r*ieron*	re*iré*
dorm*ir*	**du**erm*o* dorm*imos* **du**erm*en*	dorm*ía*	dorm*í* d**u**rm*ió* dorm*imos* d**u**rm*ieron*	dorm*iré*

Condicional	Sub. Pres.	Sub. Imperf.	Imp. afirm.	Participio Gerundio
sab*ría*	**sep***a*	**sup***ieral* **sup***iese*	sab*e* **sep***a* sab*ed* **sep***an*	sab*ido* sab*iendo*
tend*ría*	teng*a*	**tuv***ieral* **tuv***iese*	**ten** teng*a* ten*ed* teng*an*	ten*ido* ten*iendo*
ve*ría*	**ve***a*	*vieral* *viese*	**ve** **ve***a* v*ed* **ve***an*	**visto** v*iendo*
conduc*iría*	conduz*ca*	condu**jera***l* condu**jese**	conduc*e* conduz*ca* conduc*id* conduz*can*	conduc*ido* conduc*iendo*
sent*iría*	sient*a* sint*amos* sient*an*	sint*ieral* sint*iese*	sient*e* sint*amos* sent*id* sient*an*	sent*ido* sint*iendo*
med*iría*	mid*a*	mid*ieral* mid*iese*	mid*e* med*id* mid*an*	med*ido* mid*iendo*
reir*ía*	**rí***a* **ri***amos* **rí***an*	r*ieral* r*iese*	**rí***e* **ri***amos* re**íd** **rí***an*	re**ído** r*iendo*
dorm*iría*	**duerm***a* **durm***amos* **duerm***an*	**durm***ieral* **durm***iese*	**duerm***e* **durm***amos* dorm*id* **duerm***an*	dorm*ido* **durm***iendo*

25

DAS VERB

Infinitivo	Presente	Imperfecto	Pret. Indef.	Futuro
sal*ir*	sal**g**o sal**es**	sal*ía*	sal*í*	sal**dr**é
o*ír*	o**ig**o o**y**es o**ímos** o*ís* o**y**en	o*ía*	o*í* o*íste* o**yó** o**ímos** o*ísteis* o**yeron**	o*iré*
conclu*ir* constru*ir* contribu*ir* destru*ir*	destru**y**o destru**imos** destru**y**en	destru*ía*	destru*í* destru**yó** destru**ímos** destru**yeron**	destru*iré*
dec*ir*	di**g**o dic**es** dec**imos** dic**en**	dec*ía*	di**je** di**jiste** di**jo** di**jimos** di**jeron**	d**ir**é
ir	**voy** **vas** **va** **vamos** **vais** **van**	**iba** **ibas** **iba** **íbamos** **ibais** **iban**	**fui** **fu**iste **fue** **fu**imos **fueron**	iré
ven*ir*	ven**g**o vien**es** ven**imos** vien**en**	ven*ía*	**vin**e **vin**iste **vin**o **vin**imos	ven**dr**é

Einige Verben der Verbgruppe -**IR** (z.B.: **describir, escribir, inscribir, prescribir**) enden
cubrir bzw. **morir**) enden auf **–ierto** bzw. **-uerto** (**abierto, cubierto** bzw. **muerto**).

Condicional	Sub. Pres.	Sub. Imperf.	Imp. afirm.	Participio Gerundio
sald*ría*	salg*a*	sal*iera/* sal*iese*	**sal** sal**g***a* sal*id* sal**g***an*	sal*ido* sal*iendo*
oi*ría*	oi**g***a*	o**yera/** o**yese**	**oye** oi**g***a* o**í***d* oi**g***an*	o**í***do* o**yendo**
destru*iría*	destruy*a*	destru**yera/** destru**yese**	**destruye** destru*id* destruy*an*	destru*ído* destru**yendo**
d*iría*	di**g***a*	di**jera/** di**jese**	**di** di**g***a* dec*id* di**g***an*	**dicho** dic*iendo*
iría	vay*a*	**fuera/** **fuese**	**ve** **vay***a* *id* **vay***an*	*ido* **yendo**
vend*ría*	veng*a*	vin*iera/* vin*iese*	**ven** ven**g***a* ven*id* ven**g***an*	ven*ido* vin*iendo*

im participio auf **–ito** (**descrito, escrito, inscrito, prescrito**), einige Verben (z.B.: **abrir,**

Die Hilfsverben (los verbos auxiliares)

Die Hilfsverben **haber** (haben), **ser** (sein) und **estar** (sein) dienen zur Bildung der zusammengesetzten Zeiten und des Passivs.

Haber als Hilfsverb

Als Hilfsverb dient **haber** zur Bildung der zusammengesetzten Zeiten. Das Partizip des Vollverbs ist stets unveränderlich. *Haben* im Sinne von *besitzen* wird mit **tener** wiedergegeben. **Tener** ist immer Vollverb, es kann nicht als Hilfsverb verwendet werden.

> • Todavía no **he** *escrito* la carta a Pepe.
> (Ich **habe** den Brief an Pepe noch nicht *geschrieben.*)
> • No **tengo** dinero.
> (Ich **habe** kein Geld.)
> • No *he* **tenido** dinero.
> (Ich *habe* kein Geld **gehabt.**)

Ser und estar als Hilfsverben

Als Hilfsverb dienen **ser** und **estar** zur Bildung des Passivs, wobei **ser** das Vorgangspassiv und **estar** das Zustandspassiv ausdrückt.

> • Pepe **es** *invitado* por María.
> (Pepe **wird** von María *eingeladen.*)
> • María **está** *invitada.*
> (María **ist** *eingeladen.*)

Das Partizip des Vollverbs richtet sich in Geschlecht und Zahl nach dem Subjekt, d. h. bei einem männlichen Subjekt (1. - 3. Person Singular) endet das Partizip auf **-o**, bei mehreren männlichen Subjekten (1. - 3. Person Plural) endet das Partizip auf **-os**. Bei einem weiblichen Subjekt endet das Partizip auf **-a**, bei mehreren weiblichen Subjekten endet das Partizip auf **-as**. Bei einem oder mehreren männlichen und weiblichen Subjekten endet das Partizip auf **-os**, selbst wenn nur ein männliches Subjekt unter mehreren weiblichen Subjekten ist.

Subjekt/ Geschlecht	eine Person, Sache (1. - 3. Pers. Sing.)	mehrere Personen, Sachen (1. - 3. Pers. Plur.)
männlich	*Pepe* **es invitado.** *Pepe* **está invitado.**	*Pepe y Juan* **son invitados.** *Pepe y Juan* **están invitados.**
weiblich	*María* **es invitada.** *María* **está invitada.**	*María y Mercedes* **son invitadas.** *María y Mercedes* **están invitadas.**
männlich und weiblich	-	*Pepe y María* **son invitados.** *Pepe y María* **están invitados.**

28

Haber, ser und estar als Vollverben

	ser	estar
Definition von Personen, Dingen	Zur Definition, Identifikation von Personen und Dingen (wer oder was jemand oder etwas ist). • El señor Garrote **es** médico. • El calcio **es** un elemento químico.	
Eigenschaft	Zur Bezeichnung der allgemein gegebenen Eigenschaft steht **ser** + Adjektiv, Adverb. Häufig liegt zu den mit **estar** verbundenen Adjektiven, Adverbien ein Unterschied in der Bedeutung vor. • **ser bueno** (brav sein) • **ser cansado** (ermüdend sein) • **ser malo** (böse sein) • Pepe **es** un chico muy bueno.	Zur Bezeichnung der Eigenschaft kann **estar** + Adjektiv, Adverb stehen, wenn die Eigenschaft nur unter bestimmten Umständen gegeben ist. Häufig liegt zu den mit **ser** verbundenen Adjektiven, Adverbien ein Unterschied in der Bedeutung vor. • **estar bien** (sich gut fühlen) • **estar cansado** (müde, es leid sein) • **estar malo** (sich schlecht fühlen) • ¿Cómo **estás**? - **Estoy** muy bien.

	haber	ser	estar
Ortsangabe	**Hay** ist die unpersönliche Verbform von **haber** und bedeutet *es gibt*. • **Hay** *un hotel* pequeño cerca de la estación.	Zur genaueren Definition eines bestimmten Ortes. • Mira este hotel. **Es** ahí donde Pepe ha pernoctado.	Zur Bezeichnung des Ortes allgemein. • Cerca de la estación **está** el hotel 'Xenia'.

	ser	
Herkunft, Zugehörigkeit, Material	Zur Bezeichnung der Herkunft, der Zugehörigkeit, des Besitzes, des Materials etc. Zur Bezeichnung des Besitzes steht **ser + de** in der Bedeutung *gehören*.	• Pepe **es** de una familia muy rica. • Esta mesa **es** de cristal. • Este libro **es** de María. (Dieses Buch **gehört** María.)

Die Modalverben (los verbos modales)

Modalverben wandeln den Inhalt eines anderen Verbs ab. Ihnen folgt meist ein Infinitiv eines anderen Verbs (ohne Präposition). Zu den Modalverben zählen **deber (de), haber de, tener que, poder, saber, querer, hacer, ir + a.**

	deber, deber de	haber de	tener que
Notwendig-keit	Zum Ausdruck der Notwendigkeit (müssen). In der Umgangssprache steht hier meist nur **deber.** • El tren llega a la una por lo que **debemos (de)** partir a tiempo.	Zum Ausdruck einer für den Sprecher bestehenden oder für die Zukunft geltenden Notwendigkeit (wird müssen). • **Habremos de** aprender mucho si queremos pasar el examen.	Zum Ausdruck der Notwendigkeit. Statt **tener que** steht häufig **hay que** (man muss). • **Tengo que** trabajar durante las vacaciones. • No **hay que** preocuparse.

	poder	saber
Fähigkeit; Erlaubnis	Zum Ausdruck einer körperlichen oder geistigen Fähigkeit (können). Zum Ausdruck der Erlaubnis. • ¿**Puedes** ayudarme? • **Puedes** fumar aquí.	Zum Ausdruck einer angeborenen oder erlernten Fähigkeit (können). • Pedro **sabe** inglés muy bien. (Pedro **kann/spricht** sehr gut Englisch.)

	querer, quisiera	ir + a
Wille, Wunsch	Zum Ausdruck des Willens, Wunsches. **Quisiera** klingt sehr höflich. • **Quiero/quisiera** pasar las vacaciones en Es paña. (Ich **möchte/möchte gerne** die Ferien in Spanien verbringen.)	Zum Ausdruck des festen Willens, der Absicht. • **Voy a** pasar las vacaciones en España. (Ich **werde** die Ferien in Spanien verbringen.)

	hacer	ir + a
Lassen, veranlassen	Zum Ausdruck des Veranlassens. Zum Ausdruck des Zulassens (nicht Veranlassens) steht **dejar.** • Me **haré** cortar el pelo. (Ich **werde** mir die Haare schneiden **lassen.**) • **Déja**me terminar este trabajo. (**Lass** mich diese Arbeit beenden.)	Zum Ausdruck des Veranlassens als Ersatzverb für **hacer.** • Me **voy a** cortar el pelo. (Ich **werde** mir die Haare schneiden **lassen.**) • **Voy a** terminar este trabajo lo más pronto posible.

Die reflexiven Verben (los verbos reflexivos)

Reflexive Verben sind Verben, die von einem Reflexivpronomen begleitet werden. Reflexivpronomen und Subjekt bezeichnen dieselbe Person oder Sache.

Nicht jedes Verb, das im Deutschen reflexiv verwendet wird, kann auch im Spanischen reflexiv verwendet werden. Bei einigen sowohl reflexiv als auch nicht reflexiv verwendeten Verben liegt meist ein Unterschied in der Bedeutung vor.

- Pedro **se queja** siempre de su esposa.
  (Pedro **beklagt sich** immer über seine Frau.)
- **Acostumbro** a pasar las vacaciones en España.
  (Ich verbringe die Ferien **gewöhnlich** in Spanien.)
- Espero que ella **se acostumbre** a este trabajo.
  (Ich hoffe, dass sie **sich** an diese Arbeit **gewöhnt**.)

Reflexivkonstruktionen sind im Spanischen ein beliebtes Stilmittel und werden häufig statt des Passivs und zur Umschreibung eines unbestimmten Subjekts (man) verwendet.
Dabei ist zu beachten, dass das reflexive Verb im Plural steht, wenn das direkte Objekt eine Sache ist und im Plural steht. Ist das direkte Objekt eine Person, so steht das reflexive Verb im Singular.

- Esto **se ve** raras veces.
  (Das **sieht man** selten.)
- Aquí **se ensancha** la calle.
  (Hier **wird** die Straße **verbreitert**.)
- Aquí **se ensanchan** las calles.
  (Hier **werden** die Straßen **verbreitert**.)
- Aquí **se puede** encontrar a todos los amigos.
  (Hier **kann man** alle Freunde treffen.)

Reziproke Verben (los verbos recíprocos)

Reziproke Verben drücken die Gegenseitigkeit, Wechselbeziehung aus (einander, gegenseitig). Auch diese Verben werden von einem Reflexivpronomen begleitet und werden nur im Plural verwendet.
Die Gegenseitigkeit, Wechselbeziehung kann durch **uno a otro, el uno al otro** oder **mutuamente** verdeutlicht werden.

- **Nos conocemos** desde hace mucho tiempo.
- María y Pepe **se quieren** mucho.
- Ellos **se quieren** el uno al otro.
- María y Pepe **se ayudan** mutuamente.

Die Konjugation reflexiver Verben

Mod.	Zeit	1. Person Singular		2. Person Singular		3. Person Singular	
Ind.	Pres.	me	lavo	te	lavas	se	lava
	Imperf.	me	lavaba	te	lavabas	se	lavaba
	P. I.	me	lavé	te	lavaste	se	lavó
	P. P.	me he	lavado	te has	lavado	se ha	lavado
	P. C.	me había	lavado	te habías	lavado	se había	lavado
	P. A.	me hube	lavado	te hubiste	lavado	se hubo	lavado
	Fut.	me	lavaré	te	lavarás	se	lavará
	F. P.	me habré	lavado	te habrás	lavado	se habrá	lavado
Con.	Con.	me	lavaría	te	lavarías	se	lavaría
	C. P.	me habría	lavado	te habrías	lavado	se habría	lavado
Sub.	Pres.	me	lave	te	laves	se	lave
	Imperf.	me	lavara	te	lavaras	se	lavara
		me	lavase	te	lavases	se	lavase
	P. P.	me haya	lavado	te hayas	lavado	se haya	lavado
	P. C.	me hubiera	lavado	te hubieras	lavado	se hubiera	lavado
		me hubiese	lavado	te hubieses	lavado	se hubiese	lavado
Imp.	afirm.				lávate		lávese
	negat.			no	te laves	no se	lave
Inf.	Pres.		lavarse				
	Perf.	haberse	lavado				
Part.			-				
Ger.			lavándose				

Die reflexiven und reziproken Verben

1. Person Plural		2. Person Plural		3. Person Plural	
nos	lav*amos*	**os**	lav*áis*	**se**	lav*an*
nos	lav*ábamos*	**os**	lav*abais*	**se**	lav*aban*
nos	lav*amos*	**os**	lav*asteis*	**se**	lav*aron*
nos *hemos* lav*ado*		**os** *habéis* lav*ado*		**se** *han* lav*ado*	
nos *habíamos* lav*ado*		**os** *habíais* lav*ado*		**se** *habían* lav*ado*	
nos *hubimos* lav*ado*		**os** *hubisteis* lav*ado*		**se** *hubieron* lav*ado*	
nos	lav*aremos*	**os**	lav*aréis*	**se**	lav*arán*
nos *habremos* lav*ado*		**os** *habréis* lav*ado*		**se** *habrán* lav*ado*	
nos	lav*aríamos*	**os**	lav*aríais*	**se**	lav*arían*
nos *habríamos* lav*ado*		**os** *habríais* lav*ado*		**se** *habrían* lav*ado*	
nos	lav*emos*	**os**	lav*éis*	**se**	lav*en*
nos	lav*áramos*	**os**	lav*arais*	**se**	lav*aran*
nos	lav*ásemos*	**os**	lav*aseis*	**se**	lav*asen*
nos *hayamos* lav*ado*		**os** *hayáis* lav*ado*		**se** *hayan* lav*ado*	
nos *hubiéramos* lav*ado*		**os** *hubierais* lav*ado*		**se** *hubieran* lav*ado*	
nos *hubiésemos* lav*ado*		**os** *hubieseis* lav*ado*		**se** *hubiesen* lav*ado*	
	lav*émo***nos**		lav*a***os**		láv*e***se**
no	***nos*** *lavemos*	no	**os** lav*éis*	no	**se** lav*en*

Das Verb und seine Ergänzungen (los complementos del verbo)

Die Verben können eine oder mehrere der folgenden Ergänzungen, d. h. Objekte, prädikative Ergänzungen oder adverbiale Bestimmungen bei sich haben.

Verben mit direktem Objekt (verbos con objeto directo)

Das direkte Objekt ist ein Satzglied im Akkusativ, dem wen-Fall (acusativo). Es wird folglich erfragt durch die Frage **wen oder was?** und im Spanischen ohne Präposition oder mit der Präposition **a** angeschlossen.
Die meisten Verben, die im Deutschen mit direktem Objekt stehen, können im Spanischen auch mit direktem Objekt stehen.
Verben mit direktem Objekt nennt man transitive Verben (verbos transitivos).

Ohne Präposition angeschlossen werden direkte Objekte, die eine Person bezeichnen, die nicht (genau) bekannt ist. Dies ist vor allem der Fall, wenn diese mit dem unbestimmten Artikel verbunden ist.
Mit der Präposition **a** werden die direkten Objekte angeschlossen, die Personen, Tiere (zu denen ein persönliches Verhältnis besteht) oder sonstige personifizierte Begriffe bezeichnen.

- **¿Conoces** al señor Garrote?
  (**Kennst** du Herrn Garrote?)
- **¿Conoces** un cierto señor Garrote?
- **Buscamos** a nuestro gato Sultán.
- **Buscamos** un animal doméstico para mi hermana pequeña.

Verben mit indirektem Objekt (verbos con objeto indirecto)

Das indirekte Objekt ist ein Satzglied im Dativ, dem wem-Fall (dativo). Es wird folglich erfragt durch die Frage **wem oder was?**.

Das indirekte Objekt wird im Spanischen in der Regel mit der Präposition **a** angeschlossen.

- **Daré** este libro a María.
  (Ich **werde** María dieses Buch **geben**.)

Verben mit Genitivobjekt (verbos con objeto genitivo)

Das Genitivobjekt ist ein Satzglied im Genitiv, dem wessen-Fall (genitivo). Es wird folglich erfragt durch die Frage **wessen oder was?**.

Das Genitivobjekt wird im Spanischen mit der Präposition **de** angeschlossen.

> • Éste **es** el libro *de Pedro.*
> (Dies **ist** *Pedros* Buch.)

Verben mit präpositionalem Objekt (verbos con objeto preposicional)

Präpositionale Objekte werden mit einer Präposition an das Verb angeschlossen. Welche Präposition das ist, hängt davon ab, welche Präposition das Verb verlangt.

> • He **hablado** *con Pedro* esta mañana.
> **(hablar con)**
> • Si viene o no **depende** *de su padre.*
> **(depender de)**

Verben ohne Objekt (verbos sin objeto)

Einige Verben stehen ohne Objektergänzung. Diese Verben heißen intransitive Verben (verbos intransitivos).

> • **Estoy** enfermo.
> • **He partido** este mediodía.

Verben mit prädikativen Ergänzungen (verbos con complementos predicativos)

Die prädikative Ergänzung kann ein Adjektiv oder Substantiv sein und bezieht sich entweder auf das Subjekt oder Objekt.
Als Adjektiv richtet sie sich in Geschlecht und Zahl nach ihrem Bezugswort.

> • *María* **es** muy *inteligente.*
> • Te **doy** un libro muy *interesante.*
> • Te **doy** dos libros muy *interesantes.*

Verben mit adverbialen Bestimmungen (verbos con complementos circunstanciales)

Adverbiale Bestimmungen (Umstandsbestimmungen) geben die Zeit (complementos temporales), den Ort (complementos locales), die Art und Weise (complementos de modo) und die Ursache, den Grund (complementos de causa) an.

> • **Partimos** la próxima semana.
> • **Ha llegado** al aeropuerto.
> • **Estamos** tranquilos.
> • **Estaba** loca de alegría.

Die Zeiten (los tiempos)

Mit Hilfe der Zeiten werden bestimmte Vorgänge oder Zustände der Vergangenheit, Gegenwart oder Zukunft zugeordnet.

Einfache Zeiten (los tiempos simples)

Die einfachen Zeiten werden ohne Hilfsverb gebildet.	• **Escribo** una carta. • **Escribía** una carta.

Zusammengesetzte Zeiten (los tiempos compuestos)

Die zusammengesetzten Zeiten können nicht ohne Hilfsverb (**haber**) gebildet werden.	• **He escrito** una carta. • **Había escrito** una carta.

Es ist zu beachten, dass die deutschen Zeiten nicht einfach ins Spanische übertragen werden können, d. h. wenn im Deutschen z. B. das Perfekt steht, ist dies im Spanischen nicht automatisch mit dem pretérito perfecto zu übersetzen. Die Auswahl der Zeiten im Spanischen ist danach zu treffen, welcher Sachverhalt ausgedrückt werden soll (z. B. Vorgang, der in die Gegenwart reicht, zukünftiger Vorgang etc.).

	Presente	
Gegenwart	Zum Ausdruck gegenwärtiger Vorgänge und Zustände.	• **Escribo** una carta. • **Leo** un libro.

	Pretérito Indefinido	Pretérito Perfecto
Vergangenheit	Zum Ausdruck eines völlig abgeschlossenen Vorgangs.	Zum Ausdruck eines abgeschlossenen Vorgangs, dessen Folgen für die Gegenwart noch von Bedeutung sind. Es steht häufig in Verbindung mit Zeitangaben, die auf einen bis zur Gegenwart reichenden Zeitraum weisen (**hoy, esta mañana, esta semana, en mi vida** etc.).
	• Colón **descubrió** América en 1492.	• Esta mañana **he escrito** una carta.

DAS VERB   Die Zeiten

Pluscuamperfecto	Pretérito Anterior
Vorvergan-genheit Zum Ausdruck der Vorvergangen-heit, d. h. eines Vorgangs, der be-endet war, bevor ein anderer ein-setzte.	Zum Ausdruck der Vorvergangen-heit, d. h. eines Vorgangs, der un-mittelbar vor dem Einsetzen eines anderen Vorgangs beendet war. In der modernen Sprache wird das pretérito anterior meist nur noch nach **después que, no bien, en cuanto, tan pronto como** einge-setzt.
• **Había terminado** mi trabajo cuando mi madre entró. (Ich **hatte** meine Arbeit **beendet**, als meine Mutter hereinkam. (Das Beenden der Arbeit fand vor dem Hereinkommen der Mutter statt.))	• En cuanto **hube salido** de la casa sonó el teléfono. (Sobald ich das Haus **verlassen hatte**, klingelte das Telefon. (Das Verlassen des Hauses fand vor dem Klingeln des Telefons statt.))

	Presente	Futuro	**ir + a**
Zukunft	Zum Ausdruck der Zu-kunft, vor allem in Ver-bindung mit Zeitanga-ben, die in die Zukunft weisen (**mañana, la semana/el año que viene, la próxima se-mana** etc.).	Zum Ausdruck zukünf-tiger Vorgänge.	Zum Ausdruck von Vorgängen, die in der nahen Zukunft liegen, steht vor allem in ge-sprochener Sprache **ir + a** + Infinitiv.
	• La semana que viene **vamos** a Madrid. • Mañana **tenemos que** empezar a tra-bajar lo más tarde a las seis.	• La semana que viene **iré** a Madrid. • El año próximo **pasaremos** las vaca-ciones en España.	• Mañana **vamos a trabajar** más tiempo.

Futuro Perfecto	
Zum Ausdruck eines Vorgangs, der zu einem bestimmten Zeitpunkt in der Zukunft abgeschlossen sein wird. Im Deutschen wird hier häufig das Perfekt verwendet.	• **Habré terminado** este trabajo para mañana. (Ich **werde** diese Arbeit bis morgen **beendet haben**; ich **habe** diese Arbeit bis morgen **beendet**.)

37

	Pretérito Imperfecto	Pretérito Indefinido
Gleichzeitig verlaufende/ aufeinander folgende Vorgänge	Zum Ausdruck gleichzeitig verlaufender Vorgänge der Vergangenheit. • Mientras yo **escribía** una carta, mi hermano **hacía** sus deberes.	Zum Ausdruck aufeinander folgender Vorgänge der Vergangenheit. • Me **levanté** temprano, **desayuné** un café con leche y **fui** a comprar el periódico.
Noch andauernde/ neu eintretende Vorgänge	Zum Ausdruck eines noch andauernden Vorgangs, während ein anderer neu einsetzt. Der neu einsetzende Vorgang steht im pretérito indefinido. • **Escribía** una carta y de repente mi madre entró.	Zum Ausdruck eines neu eintretenden Vorgangs, während ein anderer noch andauert. Der noch andauernde Vorgang steht im pretérito imperfecto. • Escribía una carta y de repente mi madre **entró**.

	Pretérito Imperfecto	
Gewohnheiten, sich wiederholende Vorgänge	Zum Ausdruck gewohnheitsmäßiger, sich wiederholender Vorgänge in der Vergangenheit.	• Cada día me **levantaba** a las seis de la mañana y me **iba** a la cama a las diez.

Das Passiv (la voz pasiva)

Im Passiv vollzieht sich ein Vorgang am Subjekt, d. h. das Subjekt des Satzes ist nicht selbst der Handelnde, sondern der „Leidende". Daher wird das Passiv auch Leideform genannt.

Im Aktiv (la voz activa) ist das Subjekt selbst der Handelnde, es führt eine Handlung selbst aus (Tätigkeitsform, Tatform).

Das Passiv wird aus **ser** oder **estar** + participio gebildet. Das direkte Objekt des Aktivsatzes wird zum Subjekt des Passivsatzes. Der Urheber oder die Ursache der Handlung wird mit **por** angeschlossen. Er wird weggelassen, wenn er unbekannt oder irrelevant ist. Das Passiv mit **ser** (Vorgangspassiv) wird im Deutschen mit *werden,* das Passiv mit **estar** (Zustandspassiv) wird im Deutschen mit *sein* gebildet.

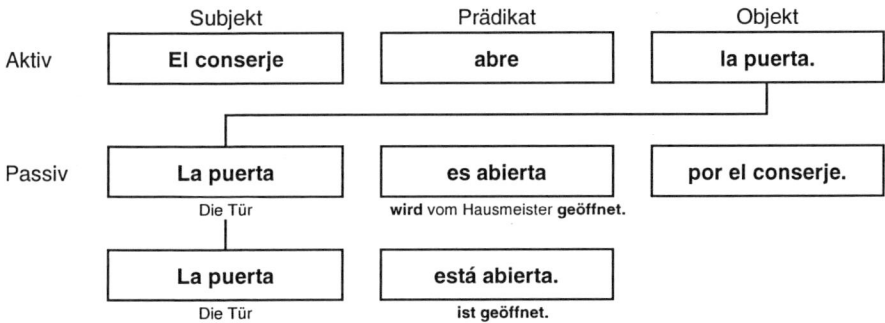

Das participio richtet sich in Geschlecht und Zahl nach dem Subjekt des Passivsatzes, d. h. bei einem männlichen Subjekt endet das participio auf **-o**, bei mehreren auf **-os**. Bei einem weiblichen Subjekt endet das participio auf **-a**, bei mehreren auf **-as**. Bei einem oder mehreren männlichen Subjekten und einem oder mehreren weiblichen Subjekten endet das participio auf **-os**, selbst wenn nur ein männliches Subjekt unter mehreren weiblichen ist. Dies ist in der folgenden Konjugationstabelle durch **o(a)s** dargestellt.

Subjekt/ Geschlecht	eine Person, Sache (1. - 3. Pers. Sing.)	mehrere Personen, Sachen (1. - 3. Pers. Plur.)
männlich	Pepe es invitado. Pepe está invitado.	Pepe y Juan son invitados. Pepe y Juan están invitados.
weiblich	María es invitada. María está invitada.	María y Mercedes son invitadas. María y Mercedes están invitadas.
männlich und weiblich	-	Pepe y María son invitados. Pepe y María están invitados.

Die Konjugation des Vorgangspassivs

Mod.	Zeit	1. Person Singular		2. Person Singular		3. Person Singular	
Ind.	Pres.		soy invitado(a)		eres invitado(a)		es invitado(a)
	Imperf.		era invitado(a)		eras invitado(a)		era invitado(a)
	P. I.		fui invitado(a)		fuiste invitado(a)		fue invitado(a)
	P. P.	he	sido invitado(a)	has	sido invitado(a)	ha	sido invitado(a)
	P. C.	había	sido invitado(a)	habías	sido invitado(a)	había	sido invitado(a)
	P. A.	hube	sido invitado(a)	hubiste	sido invitado(a)	hubo	sido invitado(a)
	Fut.		seré invitado(a)		serás invitado(a)		será invitado(a)
	F. P.	habré	sido invitado(a)	habrás	sido invitado(a)	habrá	sido invitado(a)
Con.	Con.		sería invitado(a)		serías invitado(a)		sería invitado(a)
	C. P.	habría	sido invitado(a)	habrías	sido invitado(a)	habría	sido invitado(a)
Sub.	Pres.		sea invitado(a)		seas invitado(a)		sea invitado(a)
	Imperf.		fuera invitado(a)		fueras invitado(a)		fuera invitado(a)
			fuese invitado(a)		fueses invitado(a)		fuese invitado(a)
	P. P.	haya	sido invitado(a)	hayas	sido invitado(a)	haya	sido invitado(a)
	P. C.	hubiera	sido invitado(a)	hubieras	sido invitado(a)	hubiera	sido invitado(a)
		hubiese	sido invitado(a)	hubieses	sido invitado(a)	hubiese	sido invitado(a)
Imp.	afirm.				sé invitado(a)		sea invitado(a)
	negat.			no	seas invitado(a)	no	sea invitado(a)

Inf. Pres.: **ser** invitado   Inf. Perf.: *haber* **sido** invitado

Die Konjugation des Zustandspassivs

Mod.	Zeit	1. Person Singular		2. Person Singular		3. Person Singular	
Ind.	Pres.		estoy invitado(a)		estás invitado(a)		está invitado(a)
	Imperf.		estaba invitado(a)		estabas invitado(a)		estaba invitado(a)
	P. I.		estuve invitado(a)		estuviste invitado(a)		estuvo invitado(a)
	P. P.	he	estado invitado(a)	has	estado invitado(a)	ha	estado invitado(a)
	P. C.	había	estado invitado(a)	habías	estado invitado(a)	había	estado invitado(a)
	P. A.	hube	estado invitado(a)	hubiste	estado invitado(a)	hubo	estado invitado(a)
	Fut.		estaré invitado(a)		estarás invitado(a)		estará invitado(a)
	F. P.	habré	estado invitado(a)	habrás	estado invitado(a)	habrá	estado invitado(a)
Con.	Con.		estaría invitado(a)		estarías invitado(a)		estaría invitado(a)
	C. P.	habría	estado invitado(a)	habrías	estado invitado(a)	habría	estado invitado(a)
Sub.	Pres.		esté invitado(a)		estés invitado(a)		esté invitado(a)
	Imperf.		estuviera invitado(a)		estuvieras invitado(a)		estuviera invitado(a)
			estuviese invitado(a)		estuvieses invitado(a)		estuviese invitado(a)
	P. P.	haya	estado invitado(a)	hayas	estado invitado(a)	haya	estado invitado(a)
	P. C.	hubiera	estado invitado(a)	hubieras	estado invitado(a)	hubiera	estado invitado(a)
		hubiese	estado invitado(a)	hubieses	estado invitado(a)	hubiese	estado invitado(a)
Imp.	afirm.				está invitado(a)		esté invitado(a)
	negat.			no	estés invitado(a)	no	esté invitado(a)

Inf. Pres.: **estar** invitado   Inf. Perf.: *haber* **estado** invitado

1. Person Plural		2. Person Plural		3. Person Plural	
	somos invitado(a)s		sois invitado(a)s		son invitado(a)s
	éramos invitado(a)s		erais invitado(a)s		eran invitado(a)s
	fuimos invitado(a)s		fuisteis invitado(a)s		fueron invitado(a)s
hemos	sido invitado(a)s	*habéis*	sido invitado(a)s	*han*	sido invitado(a)s
habíamos	sido invitado(a)s	*habíais*	sido invitado(a)s	*habían*	sido invitado(a)s
hubimos	sido invitado(a)s	*hubisteis*	sido invitado(a)s	*hubieron*	sido invitado(a)s
	seremos invitado(a)s		seréis invitado(a)s		serán invitado(a)s
habremos	sido invitado(a)s	*habréis*	sido invitado(a)s	*habrán*	sido invitado(a)s
	seríamos invitado(a)s		seríais invitado(a)s		serían invitado(a)s
habríamos	sido invitado(a)s	*habríais*	sido invitado(a)s	*habrían*	sido invitado(a)s
	seamos invitado(a)s		seáis invitado(a)s		sean invitado(a)s
	fuéramos invitado(a)s		fuerais invitado(a)s		fueran invitado(a)s
	fuésemos invitado(a)s		fueseis invitado(a)s		fuesen invitado(a)s
hayamos	sido invitado(a)s	*hayáis*	sido invitado(a)s	*hayan*	sido invitado(a)s
hubiéramos	sido invitado(a)s	*hubierais*	sido invitado(a)s	*hubieran*	sido invitado(a)s
hubiésemos	sido invitado(a)s	*hubieseis*	sido invitado(a)s	*hubiesen*	sido invitado(a)s
	seamos invitado(a)s		sed invitado(a)s		sean invitado(a)s
no	seamos invitado(a)s	no	seáis invitado(a)s	no	sean invitado(a)s

Part.: **sido** invitado | Ger.: **siendo** invitado

1. Person Plural		2. Person Plural		3. Person Plural	
	estamos invitado(a)s		estáis invitado(a)s		están invitado(a)s
	estábamos invitado(a)s		estabais invitado(a)s		estaban invitado(a)s
	estuvimos invitado(a)s		estuvisteis invitado(a)s		estuvieron invitado(a)s
hemos	estado invitado(a)s	*habéis*	estado invitado(a)s	*han*	estado invitado(a)s
habíamos	estado invitado(a)s	*habíais*	estado invitado(a)s	*habían*	estado invitado(a)s
hubimos	estado invitado(a)s	*hubisteis*	estado invitado(a)s	*hubieron*	estado invitado(a)s
	estaremos invitado(a)s		estaréis invitado(a)s		estarán invitado(a)s
habremos	estado invitado(a)s	*habréis*	estado invitado(a)s	*habrán*	estado invitado(a)s
	estaríamos invitado(a)s		estaríais invitado(a)s		estarían invitado(a)s
habríamos	estado invitado(a)s	*habríais*	estado invitado(a)s	*habrían*	estado invitado(a)s
	estemos invitado(a)s		estéis invitado(a)s		estén invitado(a)s
	estuviéramos invitado(a)s		estuvierais invitado(a)s		estuvieran invitado(a)s
	estuviésemos invitado(a)s		estuvieseis invitado(a)s		estuviesen invitado(a)s
hayamos	estado invitado(a)s	*hayáis*	estado invitado(a)s	*hayan*	estado invitado(a)s
hubiéramos	estado invitado(a)s	*hubierais*	estado invitado(a)s	*hubieran*	estado invitado(a)s
hubiésemos	estado invitado(a)s	*hubieseis*	estado invitado(a)s	*hubiesen*	estado invitado(a)s
	estemos invitado(a)s		estad invitado(a)s		estén invitado(a)s
no	estemos invitado(a)s	no	estéis invitado(a)s	no	estén invitado(a)s

Part.: **estado** invitado | Ger.: **estando** invitado

Die indirekte Rede (el estilo indirecto)

In der indirekten Rede werden Aussagen einer Person A durch eine Person B an eine dritte Person C weitergegeben.

	Direkte Rede	Indirekte Rede
Einleitung	Die direkte Rede wird durch Doppelpunkt eingeleitet und in Anführungszeichen gesetzt.	Die indirekte Rede wird nicht durch Doppelpunkt und Anführungszeichen gekennzeichnet. Sie wird durch ein Verb des Sagens, Denkens oder Meinens (**decir, informar, preguntar** etc.) und nachfolgendes **que** eingeleitet. **Que** kann nicht weggelassen werden.
	• Dice: «Yo me voy.» • Dice: «He escrito una carta.»	• **Dice que** se va. • **Dice que** ha escrito una carta.
Personenangaben	Die Änderung von Personenangaben hängt letztendlich davon ab, wer eine Aussage an wen weitergibt. Im Allgemeinen werden die Personenangaben, die den **Sprecher** betreffen, den **Angesprochenen** betreffen, eine **dritte Person** betreffen wie in nebenstehender Spalte aufgeführt, geändert.	Die in nebenstehender Spalte aufgeführten Personenangaben ändern sich wie folgt: **1. Person** (der Sprecher gibt seine eigenen Worte wieder) **2. Person** **3. Person**
	• *(Yo)* digo: «**(Yo)** la encontraba en la iglesia.» • *(Él)* dice: «**(Tú)** tienes que guardar cama.» • *(Él)* dice: «**(Paco)** quiere encontrarte en la estación.»	• *(Yo)* digo que **(yo)** la encontraba en la iglesia. • *(Él)* dice que **(tú)** tienes que guardar cama. • *(Él)* dice que **(Paco)** quiere encontrarte en la estación.
Orts- und Zeitbestimmungen	Die folgenden Zeit- und Ortsbestimmungen ändern sich wie in nebenstehender Spalte aufgeführt.	Die in nebenstehender Spalte aufgeführten Zeit- und Ortsbestimmungen ändern sich wie folgt. Orts- und Zeitangaben, die an demselben Ort oder zur selben Zeit wiedergegeben werden, bleiben unverändert.

Direkte Rede	Indirekte Rede
• **hoy** • **ayer** • **anteayer** • **mañana** • **pasado mañana** • **el año, mes** etc. **que viene** • **el próximo año, mes** etc. • **el año, mes** etc. **pasado** • **ahora** • **aquí** • Dice: «Me voy **mañana** a Madrid.»	• **aquel día** • **el día anterior** • **dos días antes** • **el día siguiente** • **dos días después** • **el año, mes** etc. **siguiente** • **el año, mes** etc. **siguiente** • **el año, mes** etc. **anterior** • **entonces** • **allí** • Dijo que se iba **el día siguiente** a Madrid.

Fragesätze	Fragesätze in der direkten Rede (direkte Fragesätze) werden zwischen Fragezeichen gesetzt. • Dice: «¿Has terminado tu trabajo?»	Fragesätze in der indirekten Rede (indirekte Fragesätze) werden mit Punkt abgeschlossen und mit einem Verb wie **preguntar** etc. eingeleitet. • **Pregunta** si ha terminado su trabajo.
Fragen ohne Fragewort	 • Dice: «¿Has terminado tu trabajo?»	Fragen ohne Fragewort werden in indirekter Rede durch **si** (ob) eingeleitet. Die Wortstellung entspricht der des einfachen Aussagesatzes. • **Pregunta si** ha terminado su trabajo.
Fragen mit Fragewort	 • Dice: «¿A quién has encontrado en la estación?»	Fragen mit Fragewort behalten das Fragewort in der indirekten Rede. Die Wortstellung entspricht der des einfachen Aussagesatzes. • **Pregunta** que **a quién** ha encontrado en la estación.

43

Die Zeitenfolge in der indirekten Rede

Bei der Umwandlung der direkten Rede in die indirekte Rede ändert sich ihre Zeit nur, wenn der Einführungssatz in einer Zeit der Vergangenheit (pretérito imperfecto, pretérito indefinido, pluscuamperfecto) steht. Steht der Einführungssatz in einer Zeit der Gegenwart (presente, pretérito perfecto, futuro, condicional), wird in der indirekten Rede dieselbe Zeit verwendet wie in der direkten Rede.

Die folgende Tabelle stellt die Umwandlung gebräuchlicher Zeiten dar.

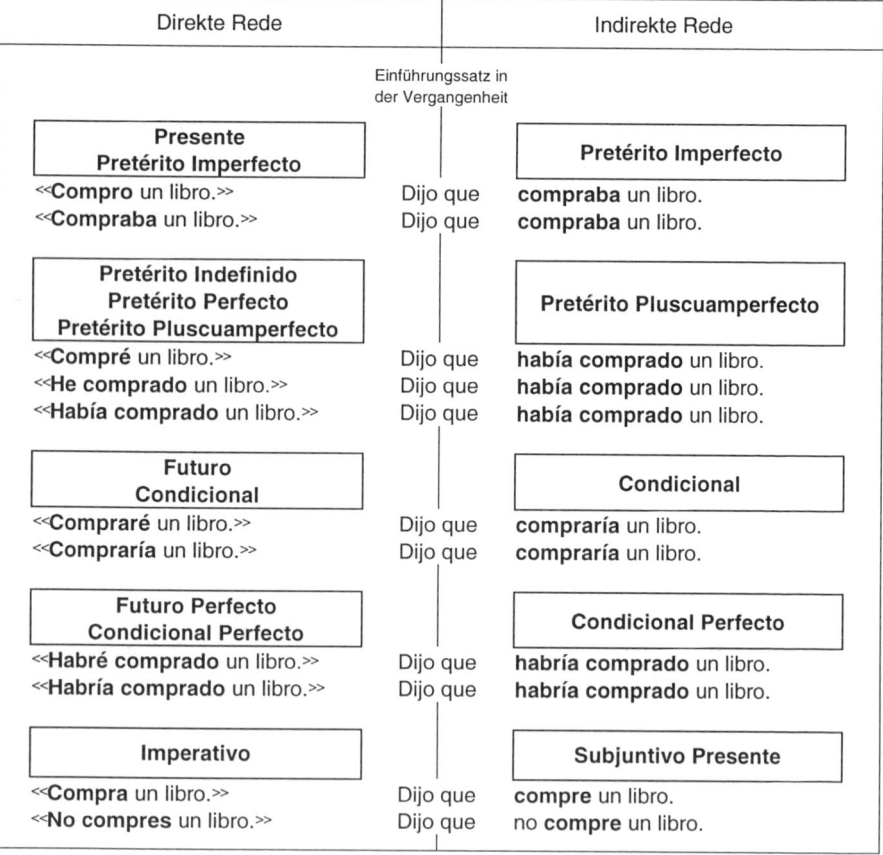

Direkte Rede		Indirekte Rede
	Einführungssatz in der Vergangenheit	
Presente **Pretérito Imperfecto**		**Pretérito Imperfecto**
<<**Compro** un libro.>>	Dijo que	**compraba** un libro.
<<**Compraba** un libro.>>	Dijo que	**compraba** un libro.
Pretérito Indefinido **Pretérito Perfecto** **Pretérito Pluscuamperfecto**		**Pretérito Pluscuamperfecto**
<<**Compré** un libro.>>	Dijo que	**había comprado** un libro.
<<**He comprado** un libro.>>	Dijo que	**había comprado** un libro.
<<**Había comprado** un libro.>>	Dijo que	**había comprado** un libro.
Futuro **Condicional**		**Condicional**
<<**Compraré** un libro.>>	Dijo que	**compraría** un libro.
<<**Compraría** un libro.>>	Dijo que	**compraría** un libro.
Futuro Perfecto **Condicional Perfecto**		**Condicional Perfecto**
<<**Habré comprado** un libro.>>	Dijo que	**habría comprado** un libro.
<<**Habría comprado** un libro.>>	Dijo que	**habría comprado** un libro.
Imperativo		**Subjuntivo Presente**
<<**Compra** un libro.>>	Dijo que	**compre** un libro.
<<**No compres** un libro.>>	Dijo que	no **compre** un libro.

Das Konditional (el condicional, potencial)

Das Konditional steht vor allem in Nebensätzen, die eine Bedingung ausdrücken, dem Bedingungs-, Konditionalsatz. Sie werden meist durch die Konjunktion **si** eingeleitet.

Am häufigsten werden folgende Zeitenfolgen verwendet. Es ist zu beachten, dass in der Regel im Bedingungssatz kein **futuro** oder **condicional** steht.

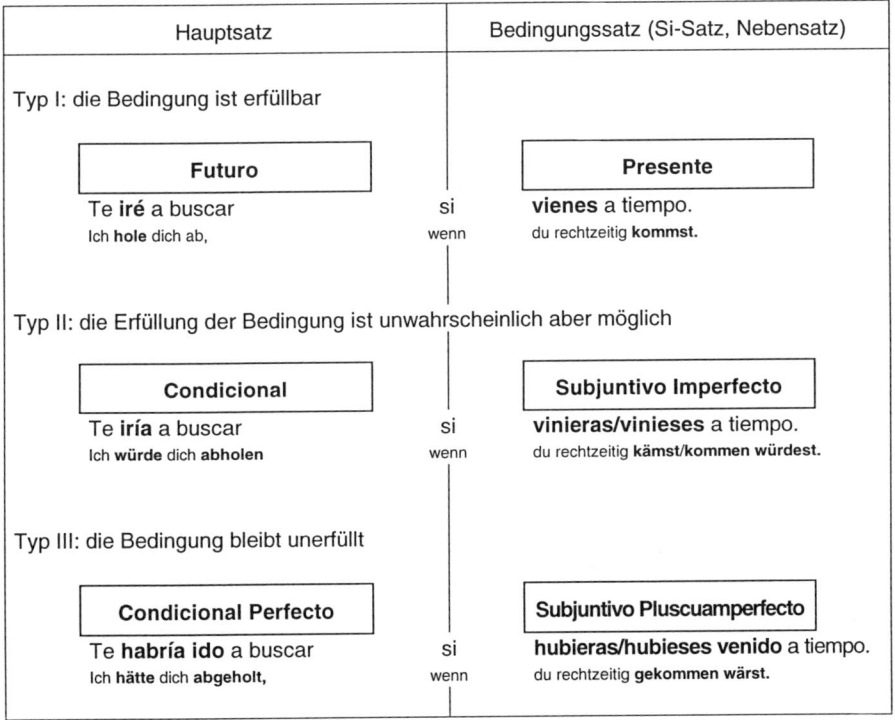

Hauptsatz	Bedingungssatz (Si-Satz, Nebensatz)

Typ I: die Bedingung ist erfüllbar

Futuro		Presente
Te **iré** a buscar	si	**vienes** a tiempo.
Ich **hole** dich ab,	wenn	du rechtzeitig **kommst**.

Typ II: die Erfüllung der Bedingung ist unwahrscheinlich aber möglich

Condicional		Subjuntivo Imperfecto
Te **iría** a buscar	si	**vinieras/vinieses** a tiempo.
Ich **würde** dich **abholen**	wenn	du rechtzeitig **kämst/kommen würdest**.

Typ III: die Bedingung bleibt unerfüllt

Condicional Perfecto		Subjuntivo Pluscuamperfecto
Te **habría ido** a buscar	si	**hubieras/hubieses venido** a tiempo.
Ich **hätte** dich **abgeholt**,	wenn	du rechtzeitig **gekommen wärst**.

Der Subjuntivo

Der subjuntivo (Möglichkeitsform) ist der Modus, mit dem ein Vorgang oder Zustand als nicht wirklich, sondern als erwünscht oder vorgestellt dargestellt wird.
Der indicativo (Wirklichkeitsform) ist der Modus, mit dem ein Vorgang oder Zustand als tatsächlich oder wirklich dargestellt wird.
Der subjuntivo steht hauptsächlich im Nebensatz nach einleitendem **que**.

	Subjuntivo	Kein Subjuntivo
Wunsch, Verlangen	Zum Ausdruck des Wunsches, des Verlangens, vor allem nach den folgenden Verben: • comandar • ordenar • desear • pedir • exigir • querer • expresar el deseo • rogar • insistir	Zum Ausdruck des Wunsches, Verlangens steht der infinitivo, vor allem bei gleichem Subjekt in Haupt- und Nebensatz. • desear • pedir • exigir • querer • expresar el deseo • rogar
	• *Quisiera que* **vengas** mañana. (*Ich möchte gerne,* dass **du** morgen **kommst.**)	• *Quisiera* **venir** mañana. (*Ich möchte gerne* morgen **kommen.**)
Vorschlag, Empfehlung	Zum Ausdruck des Vorschlags, der Empfehlung, wenn Haupt- und Nebensatz verschiedene Subjekte haben, vor allem nach: • aconsejar • proponer • advertir	Zum Ausdruck des Vorschlags, der Empfehlung steht der infinitivo, wenn Haupt- und Nebensatz das gleiche Subjekt haben. • aconsejar • proponer • advertir
	• *Aconsejo que* **hagamos** este trabajo en seguida.	• *Propongo* **hacer** este trabajo en seguida.
Zweifel/ Wissen	Zum Ausdruck des bewussten Zweifelns, Nichtglaubens, vor allem nach: • creer • dudar • no creer • poner en duda	Zum Ausdruck des Wissens, Glaubens, „des nicht genau Wissens". Nach **si** (ob) steht kein subjuntivo. • creer • dudar • no creer • saber
	• *No creo que* **vaya** a pasar el examen. • *Dudamos que* **venga.**	• *No sé seguro si* **viene.** • *Dudamos si* **vas** a pasar el examen.
Erlaubnis, Zustimmung	Zum Ausdruck der Erlaubnis, vor allem nach **consentir** und **permitir**.	
	• *Tu padre consiente que* **pases** las vacaciones en España.	

	Subjuntivo	Kein Subjuntivo
Gefühl, persönliches Empfinden	Zum Ausdruck des persönlichen Empfindens, zum Beispiel Freude, Ärger, Bedauern, Hoffnung, Furcht etc. • **admirarse** • **quejarse** • **alegrarse** • **sentir mucho** • **enojarse** • **sorprenderse** • **esperar** • **temer** • **perdonar** • **tener miedo**	Nach **esperar** steht der indicativo futuro zum Ausdruck der sicheren Erwartung.
	• *Espero que* **pase** el examen.	• *Esperamos que* nos **pagará** lo que nos debe.
Unpersönliche Verben und Ausdrücke	Nach den unpersönlichen Ausdrücken der Möglichkeit, der Wahrscheinlichkeit, des Zwangs, der Notwendigkeit, des persönlichens Empfindens. • **es bueno** • **es necesario** • **es extraño** • **es (im)posible** • **(no) es importante** • **es mejor** • **lo que importa** • **es probable** • **es una lástima** • **puede ser**	Nach den unpersönlichen Ausdrücken, die Tatsachen, Sicherheit ausdrücken, steht der indicativo. • **es cierto** • **es indudable** • **es evidente** • **es seguro**
	• *Es de* gran *importancia que* **haga** este trabajo con precisión.	• *Es cierto que* **ha pasado** el examen.
Konjunktionen	Die folgenden Konjunktionen stehen meist mit dem subjuntivo. • **antes (de) que** (bevor) • **cuando** (wenn, sobald) • **hasta que** (bis) • **mientras** (während, solange) • **tan pronto como** (sobald) • **a fin de que** (damit) • **de manera que** (damit) • **de modo que** (damit) • **para que** (damit) • **aun cuando** (selbst wenn) • **aunque** (selbst wenn) • **por mucho,más que** (so sehr auch) • **caso (de) que** (falls) • **en el caso de que** (falls) • **a condición de que** (vorausgesetzt, dass) • **sin que** (ohne, dass)	Die meisten anderen Konjunktionen stehen mit dem indicativo.
	• *Aunque* no **tenga** mucho tiempo, te ayudaré. (*Selbst wenn* ich wenig Zeit habe, helfe ich dir.)	• *Aunque* no **tengo** mucho tiempo, te ayudaré. (*Obwohl* ich wenig Zeit habe, helfe ich dir.)

Der Imperativ (el imperativo)

Der Imperativ, die so genannte Befehlsform, drückt einen Befehl, eine Aufforderung aus. Der Imperativ kann, außer in der 1. Person Singular, in allen Personen gebildet werden, wobei besonders bejahter und verneinter Imperativ zu unterscheiden sind.

Der bejahte Imperativ (el imperativo afirmativo)

Der bejahte Imperativ kann mit und ohne die entsprechenden Personalpronomen stehen. Er steht mit dem Pronomen zum Ausdruck der Hervorhebung, die Pronomen werden dem bejahten Imperativ nachgestellt.
Der 3. Person Singular und Plural wird **Vd.** bzw. **Vds.** nachgestellt, wenn die Aufforderung, der Befehl an eine bzw. mehrere Personen gerichtet ist, die man siezt.
Die 1. Person Plural wird häufig mit **vamos a +** infinitivo umschrieben.

> • **Compra** *(tú)* un libro.
>   (**Kauf** ein Buch!)
> • **Compre** *Vd.* un libro.
>   (**Kaufen** *Sie* (eine Person) ein Buch!)
> • **Compren** *Vds.* un libro.
>   (**Kaufen** *Sie* (mehrere Personen) ein Buch!)
> • **Compremos** *(nosotros)* un libro.
>   **Vamos a comprar** un libro.
>   (**Kaufen** *wir* ein Buch!)
> • **Comprad** *(vosotros)* un libro.
>   (**Kauft** ein Buch!)

Der verneinte Imperativ (el imperativo negativo)

Dem verneinten Imperativ wird **no** vorangestellt. Er kann mit und ohne die entsprechenden Personalpronomen stehen, die nachgestellt werden.
Der 3. Person Singular und Plural wird **Vd.** bzw. **Vds.** nachgestellt, wenn die Aufforderung, der Befehl an eine bzw. mehrere Personen gerichtet ist, die man siezt.
Die 1. Person Plural wird häufig mit **vamos a +** infinitivo umschrieben.

> • **No compres** *(tú)* un libro.
> • **No compre** *Vd.* un libro.
> • **No compremos** *(nosotros)* un libro.
>   **No vamos a comprar** un libro.
> • **No compréis** *(vosotros)* un libro.
> • **No compren** *Vds.* un libro.

Der Infinitiv (el infinitivo)

Der Infinitiv ist die Grundform des Verbs. Er steht als reiner Infinitiv (ohne Präposition) oder mit einer Präposition (meist **a, de**) nach bestimmten Verben, Substantiven oder an Stelle von Neben- und Hauptsätzen. Es ist zu beachten, dass der Infinitiv im Spanischen viel weniger häufig mit einer Präposition angeschlossen wird, als der deutsche Infinitiv mit *zu*.

Der Infinitiv nach bestimmten Verben

Der Infinitiv nach transitiven Verben

Nach einigen transitiven Verben steht der Infinitiv mit Präposition.

> • *Comenzó a* **llover.**
> • *Me acostumbré a* **ir** al teatro una vez a la semana.

• **acabar de**	(soeben getan haben)	• **atreverse a**	(wagen zu)
• **acabar por**	(be-, vollenden zu)	• **comenzar a**	(beginnen zu)
• **acertar a**	(zufällig tun)	• **empezar a**	(beginnen zu)
• **acostumbrarse a**	(sich daran gewöhnen zu)	• **tratar de**	(versuchen zu)
• **alegrarse de**	(sich freuen zu)		

Der Infinitiv nach einigen Modalverben

Nach den Modalverben steht der Infinitiv ohne Präposition. Nach **deber** und **haber** steht **de**.

> • *¿Puede* Vd. **explicar**me esta regla otra vez?
> • El tren llega a la una, así que *debemos de* **partir** a tiempo.

Der Infinitiv nach den unpersönlichen Verben

Nach vielen unpersönlichen Verben und Ausdrücken steht der Infinitiv ohne Präposition, vor allem bei gleichem Subjekt im Haupt- und Nebensatz. Viele unpersönliche Verben können auch einen que-Satz mit **subjuntivo** anschließen.

> • Mañana *hay que* **empezar** a trabajar a las seis.
> • *Es aconsejable* **trabajar** más si quieres pasar el examen.
> • *Es aconsejable* **que trabajes más** si quieres pasar el examen.

Der Infinitiv nach den Verben des Veranlassens, Zulassens

Nach den Verben des Veranlassens, Zulassens steht der Infinitiv ohne Präposition. Nach **forzar** und **obligar** steht **a** + Infinitiv.

> • *Hago* **venir** al médico.
> • *Déjame* **terminar** este trabajo.
> • Me veo *forzado a* **decir**le la verdad.

Der Infinitiv nach den Verben der Sinneswahrnehmung

Nach den Verben der Sinneswahrnehmung steht der Infinitiv ohne Präposition.

> • Te *he visto* salir de casa.
> • He *oído* llegar un coche.

Der Infinitiv nach Substantiven

Nach fast allen Substantiven steht der Infinitiv mit der Präposition de.

> • Ahora tenemos que aprovechar *la oportunidad de* hablar con él.

Der Infinitiv kann zum Substantiv werden, wenn ihm der Artikel vorangestellt wird. Manche Infinitive sind echte Substantive.

> • los deberes
> (die Aufgaben, Pflichten)
> • el poder
> (die Macht)

Der Infinitiv an Stelle von Nebensätzen

An Stelle von Nebensätzen steht der Infinitiv vor allem nach al, hasta, antes de, después de, para, por.

> • *Al* llegar a la estación, el tren había partido ya.
> (Cuando llegué a la estación ...)
> • Partimos pronto *para* llegar a tu casa a tiempo.
> • Tengo un montón de trabajo *por* hacer.

Zum Ausdruck der Vorzeitigkeit steht der infinitivo perfecto.

> • *Después de* haber llegado al aeropuerto, esperé más de dos horas.
> (Nachdem ich am Flughafen angekommen war, wartete ich mehr als zwei Stunden. Das Ankommen fand vor dem Warten statt.))

Der Infinitiv an Stelle von Hauptsätzen

An Stelle von direkten und indirekten Fragesätzen wird der Infinitiv ohne Präposition an das Fragewort angeschlossen.

> • ¿*Qué* hacer?
> (¿Qué debemos hacer?)
> • No sé a *quién* dirigirme.

Das Gerundio

Das gerundio bezeichnet den Verlauf eines Vorgangs und ist stets unveränderlich. Es steht nach bestimmten Verben und an Stelle von Nebensätzen.

Das Gerundio nach bestimmten Verben

Das Gerundio nach estar

Zum Ausdruck, dass ein Vorgang gerade, im Moment des Sprechens stattfindet, steht estar + gerundio.

> • Los niños *están* **jugando** en el jardín.
> (Die Kinder **spielen gerade** im Garten.)
> • Mi hermano *está* **telefoneando**.

Das Gerundio nach ir und venir

Zum Ausdruck der Entwicklung folgt das gerundio auf ir und venir, wobei sich ir + gerundio auf die Gegenwart und Zukunft bezieht, venir + gerundio bezieht sich auch auf die Vergangenheit.

> • *Voy* **preparando** el examen que tendré en tres meses.
> (Ich **bereite mich nach und nach** auf die Prüfung vor, ich in 3 Monaten ablegen werde.)
> • *Vengo* **preparando** el examen desde hace seis meses.
> (Ich **bereite mich** *seit 6 Monaten* auf die Prüfung **vor**.)

Das Gerundio nach continuar und seguir, empezar und acabar

Auf die Verben continuar und seguir und empezar und acabar folgt stets das gerundio.

> • *Continuamos* **leyendo**.
> • *Empezó* **estudiando** Matemáticas pero después abandonó sus estudios.

Das Gerundio nach den Verben der Sinneswahrnehmung

Nach den Verben der Sinneswahrnehmung sollte das gerundio unmittelbar nach dem Wort stehen, auf das es sich bezieht.

> • *(Yo)* **saliendo** de casa, vi a mi hermano.
> (**Als ich** das Haus **verließ**, sah ich meinen Bruder.)
> • Vi a *mi hermano* **saliendo** de casa.
> (Ich sah *meinen Bruder* das Haus **verlassen**.)

Das Gerundio an Stelle von Nebensätzen

Das gerundio steht an Stelle von Nebensätzen, vor allem Nebensätze der Zeit, der Einräumung, der Bedingung.

> • **Llegando** a la estación, me di cuenta de que había olvidado el pasaporte.
> (**Cuando llegué** a la estación ...)
> • *Aun* **siendo** tan tarde, me quedaré un poco más.

51

Das Partizip (el participio)

Das Spanische kennt nur ein Partizip, das mit **haber** für die Bildung der zusammengesetzten Zeiten und mit **ser** und **estar** zur Bildung des Passivs benötigt wird.
Das Partizip steht ferner nach bestimmten Verben, kann als Adjektiv oder Substantiv verwendet werden und steht an Stelle von Nebensätzen.

Das Partizip nach estar

Zum Ausdruck eines abgeschlossenen Vorgangs steht **estar** + **participio** an Stelle eines reflexiven Verbs.

- Pedro *está* **sentado** (sentarse).
  (Pedro **sitzt**.)
- María *está* **acostada** (acostarse).

Das Partizip als Substantiv

Das Partizip kann durch Voranstellen des Artikels zum Substantiv werden.

- **Los heridos** fueron transportados en helicópteros al hospital.
  (**Die Verletzten** wurden in Hubschraubern ins Krankenhaus gebracht.)

Das Partizip als Adjektiv

Das Partizip kann als Adjektiv verwendet werden und richtet sich in dieser Funktion, wie das Adjektiv, in Geschlecht und Zahl nach dem Subjekt.

- Pedro es **aburrido**.
  (Pedro ist **langweilig**.)

Das Partizip an Stelle von Nebensätzen

An Stelle von Nebensätzen steht das Partizip häufig mit **apenas, una vez** und **después de**.

- *Una vez* **analizado** el problema, decidimos actuar.
  (**Cuando analizamos** el problema ...)
- El asesino, **perseguido** por la policía, se refugió en el bosque.
  (El asesino **que era perseguido** por la ...)

Der Artikel (el artículo)

Der Artikel (Geschlechtswort) ist der Begleiter des Substantivs und gibt dessen Geschlecht und Zahl an. Neben dem männlichen und weiblichen Geschlecht kennt das Spanische noch die neutrale Form **lo**.

Der bestimmte Artikel (el artículo definido)

Der bestimmte Artikel bezeichnet ein oder mehrere bestimmte Substantive.

- el hombre - los hombres
- la casa - las casas

Der unbestimmte Artikel (el artículo indefinido)

Der unbestimmte Artikel bezeichnet ein unbestimmtes Substantiv.

- un hombre
- una casa

Die neutrale Form des Artikels lo (el artículo neutro lo)

Die neutrale Form des Artikels **lo** dient zur Substantivierung.

- Lo bueno es que ha venido en seguida.
- A lo mejor no viene.

Die Formen der Artikel (las formas de los artículos)

	Numerus	Genus	Unbest. Artikel	Best. Artikel	Bestimmter Artikel + a	+ de
Vor Konsonant, Vokal	Singular	mask.	un	el	al	del
		fem.	una	la	a la	de la
		neutr.	-	lo	a lo	de lo
	Plural	mask.	-	los	a los	de los
		fem.	-	las	a las	de las
Vor betontem a-, ha-	Singular	mask.	un	el	al	del
		fem.	un	el	al	del
	Plural	mask.	-	los	a los	de los
		fem.	-	las	a las	de las

53

Der bestimmte und unbestimmte Artikel (el artículo definido e indefinido)

	Bestimmter Artikel	
Eigennamen	Bei Eigennamen, die näher bestimmt sind (zum Beispiel durch ein Adjektiv).	• **el** gran *Museo del Prado* • **el** bonito *Madrid* • **la** gran *España*

	Bestimmter Artikel	Kein Artikel
Familien-, Personennamen	Bei Familiennamen im Plural und Verwandtschaftsbezeichnungen + Vorname oder Familienname. Es ist zu beachten, dass der Familienname kein Plural-s erhält. • **Los** *García* están de vacaciones en Francia. • **La** *tía María* y **el** *tío Carlos* son mis padrinos.	Bei Personennamen, die eine einzige Person bezeichnen. • *María* ha escrito una carta. • *Pedro* ha llegado esta mañana.
Titel	Bei Personennamen, die durch Titel näher bestimmt sind. • **el** *rey Juan Carlos* • **el** *doctor Garrote*	In der Anrede stehen Titel mit oder ohne Personennamen und nach **señor, señora** ohne Artikel. • ¿Cuándo tiene tiempo, *doctor*? • *Señor Presidente*
		Bei der Zählung von Herrschernamen wird der Artikel, im Gegensatz zum Deutschen, nicht verwendet. • Juan Carlos *Primero* (Juan Carlos I) es el actual rey de España. (Juan Carlos **der** *Erste* ist der derzeitige König von Spanien.)
Berufsbezeichnungen		Berufsbezeichnungen stehen grundsätzlich ohne Artikel. • Carlos es *catedrático* de filosofía en la Universidad de Barcelona.
Geografische Namen	Geografische Namen wie die Namen der Erdteile, Meere und Flüsse, Gebirgen und Berge und die Namen der Himmelsrichtungen.	

	Bestimmter Artikel	Kein Artikel
	• l'*América* • **el** *Atlántico* • **el** *Danubio* • **los** *Andes* • **el** *norte*	
Ländernamen	Länder-, Städtenamen, die zum Bei-spiel durch ein Adjektiv näher be-stimmt sind oder die folgenden Län-der-, Städtenamen. • **la Argentina** • **el Japón** • **el Brasil** • **el Paraguay** • **la China** • **el Perú** • **el Canadá** • **el Tirol** • **el Ecuador** • **el Uruguay** • **la India** • **El Cairo** • **La Haya** • **La Habana**	Die meisten Länder-, Städtennamen und diejenigen, die mit einer Präposition verbunden sind, stehen ohne Artikel.
	• **La** *España* de la Edad Media. • **La** *Haya* es la sede del gobierno de los Países Bajos.	• *España* es un país muy bonito. • Este año pasaremos las vacacio-nes *en España*. • *Madrid* es una ciudad muy bonita.
Zeitangaben	Die Wochentage, die Tageszeiten, die Uhrzeit und die Jahreszeiten stehen in der Regel mit dem be-stimmten Artikel. • Me voy **el** próximo *lunes*. • Es **la** *una*. • Son **las** *dos*. • Mi familia pasa **el** *verano* siempre en el campo.	Monatsnamen, die Namen der Fei-ertage und die Tageszeiten mit der Präposition **a**. Jahreszeiten mit **en** können auch ohne Artikel stehen. • En *agosto* estamos siempre en Andaluciá. • Ha abandonado la oficina *a mediodía*. • En *primavera* estamos siempre en Andalucía.

	Bestimmter Artikel	
Körperteile, Kleidung	Bei Körperteilen und Kleidungs-stücken, vor allem nach Verben wie **tener, llevar** etc. Im Deutschen wird der Artikel hier nicht verwendet. ·	• María *tiene* **los** *ojos* oscuros. (María hat dunkle *Augen.*) • Lleva **los** *pantalones* rasga-dos. (Er hat zerrissene *Hosen* an.)

Die neutrale Form des Artikels l o (el artículo neutro lo)

Neben dem bestimmten und unbestimmten Artikel kennt das Spanische noch die neutrale Form **lo,** die zur Substantivierung der folgenden Wortarten dient.

Adjektive

Adjektive werden mit **lo** substantiviert. **Lo** steht auch vor dem Ausdruck **suficientemente** + Adjektiv oder Adverb.

- **Lo** *bueno* es que ha venido en seguida.
  (**Das** *Gute* ist, dass er sofort gekommen ist.)
- Pedro es **lo** *suficientemente atrevido* como para intentarlo.

Ordnungszahlen

Ordnungszahlen werden mit **lo** substantiviert.

- **Lo** *primero* que hago es decir la verdad.

Possessivpronomen

Possessivpronomen werden mit **lo** substantiviert.

- **Lo** *tuyo* me gusta más.
  (*Deines/***das** *Deinige* gefällt mir besser.)

Geschlecht und Zahl des Substantivs (género y número del sustantivo)

Die spanische Sprache unterscheidet zwischen männlichen bzw. maskulinem (masculino) und weiblichem bzw. femininem (femenino) Geschlecht (Genus) bei Substantiven. Das Spanische kennt kein sächliches Geschlecht (neutrum) wie das Deutsche (das). Da das Geschlecht eines deutschen Substantivs nicht mit dem des spanischen Substantivs übereinstimmt, empfiehlt es sich das Geschlecht eines Substantivs von Anfang an mitzulernen.

Generell entspricht das grammatische Geschlecht bei Personen dem natürlichen Geschlecht. Einige Substantive stehen sowohl für Männer als auch für Frauen, einige Substantive haben für Männer und Frauen unterschiedliche Bezeichnungen, einige Substantive sind für Männer und Frauen gleich, haben jedoch unterschiedliches Geschlecht und unterschiedliche Bedeutung.

- *Pedro* es **un médico** muy consciente.
- *María* es **una médico** muy consciente.
- *Pedro* es **un hombre** muy gentil.
- *María* es **una mujer** muy gentil.
- La empresa ha invertido todo **el capital** en este proyecto.
  (Die Firma hat das ganze **Kapital** in dieses Projekt investiert.)
- **La capital** de España es Madrid.
  (**Die Hauptstadt** von Spanien ist Madrid.)

Bei Tieren entspricht das grammatische Geschlecht generell ebenfalls dem natürlichen. Bei vielen Tiernamen steht der männliche Name für beide Geschlechter bei einigen Tiernamen leitet sich der weibliche direkt vom männlichen ab oder es existieren unterschiedliche Bezeichnungen.

- **el cocodrilo (macho)**
- **el cocodrilo (hembra)**
- **el gato – la gata**
  (der Kater – die Katze)
- **el gallo – la gallina**
  (der Hahn – die Henne)

Geografische Bezeichnungen sind häufig weiblich, wenn sie auf –a enden, nicht auf –a endende geografische Bezeichnungen sind häufig männlich.

- **la España**
- **el Chile**
- **Barcelona** (f.)
- **Madrid** (m.)
- **el Ebro**

Der Numerus (Zahl) bezeichnet den Singular (Einzahl) oder Plural (Mehrzahl). Substantive auf Vokal erhalten im Plural in der Regel ein **–s**, Substantive auf Konsonant hängen **–es** an.

Einige Substantive kommen jedoch nur im Singular, einige nur im Plural vor und stehen folglich auch mit einem Verb im Singular bzw. Plural.

- *Es* necesario un gran **coraje** para esta aventura.
  (Für dieses Abenteuer braucht es viel **Mut**.)
- **Las tijeras** *están* sobre la mesa.
  (**Die Schere** *liegt* auf dem Tisch.)
- **La gente** *ha* llegado hace unos minutos.

Geschlecht und Zahl des Adjektivs (género y número del adjetivo)

Das Adjektiv (Eigenschafts-, Wiewort) drückt eine Eigenschaft aus und bezieht sich im Satz auf ein oder mehrere Substantive. Es richtet sich, wie das participio in Geschlecht und Zahl nach dem Substantiv, auf das es sich bezieht. Geschlecht und Zahl des Adjektivs werden durch die Endung gekennzeichnet. In der Regel erhalten Adjektive in der weiblichen Form ein -a. Adjektive auf Vokal hängen im Plural in der Regel ein -s an, Adjektive auf Konsonant erhalten im Plural in der Regel -es. Die folgende Tabelle gibt eine Übersicht über die männlichen und weiblichen Endungen sowie über die dazugehörigen Pluralendungen.

Maskulin Singular	Maskulin Plural	Feminin Singular	Feminin Plural
-a	-as	-a	-as
-án	-anes	-ana	-anas
-ar	-ares	-ar	-ares
-cola	-colas	-cola	-colas
-dor	-dores	-dora	-doras
-e	-es	-e	-es
-és	-eses	-esa	-esas
-í	-ís, -íes	-í	-ís, -íes
-ior	-iores	-ior	-iores
-ista	-istas	-ista	-istas
-o	-os	-a	-as
-ón	-ones	-ona	-onas
-tal	-tales	-tal	-tales
-z	-ces	-z	-ces

Die Steigerung des Adjektivs (la comparación del adjetivo)

Positiv (el positivo)

Der Positiv drückt aus, dass zwei oder mehr Wesen oder Dinge in Bezug auf eine Eigenschaft gleich sind; gleicher Grad. Im Vergleichssatz wird das Adjektiv mit **como** angeschlossen.

- María y Mercedes son **jóvenes.**
  (María und Mercedes sind **jung.**)
- María es *tan* **joven** *como* Mercedes.
  (María ist *so* jung *wie* Mercedes.)

Gleichheit:	(tan) + **Adjektiv** + (como)

Komparativ (el comparativo)

Der Komparativ drückt aus, dass zwei Wesen oder Dinge in Bezug auf eine Eigenschaft ungleich sind; ungleicher Grad. Im Vergleichssatz wird der Komparativ mit **que** (im Deutschen mit *als*) angeschlossen.

- El señor García es **más amable** *que* la señora García.
  (Herr García ist **liebenswürdiger** *als* Frau García.)
- Esos libros son **menos interesantes** *que* estos.

Steigerung:	**más** + **Adjektiv** + (que)
Verminderung:	**menos** + **Adjektiv** + (que)

Superlativ (el superlativo)

Der Superlativ drückt aus, dass von mindestens drei Wesen oder Dingen einem der höchste Grad einer Eigenschaft zukommt; höchster Grad.

- Mi hermano es **el más alto** de nuestra familia.
  (Mein Bruder ist **der größte** in unserer Familie.)
- Estas mujeres son **las menos amables** de todos nuestros vecinos.

Numerus	Genus	Steigerung	Verminderung
Singular	maskulin	**el más + Adjektiv**	**el menos + Adjektiv**
	feminin	**la más + Adjektiv**	**la menos + Adjektiv**
Plural	maskulin	**los más + Adjektiv**	**los menos + Adjektiv**
	feminin	**las más + Adjektiv**	**las menos + Adjektiv**

Elativ (el elativo)

Der Elativ drückt einen sehr hohen Grad aus und hängt an das um den Endvokal verkürzte Adjektiv die Endung **-ísimo** an. Der Elativ kann nicht von jedem Adjektiv gebildet werden. Er wird dann durch Adverbien wie **muy, sumamente, extraordinariamente** etc. ausgedrückt.

- Este animal es **grandísimo**.
  (Dieses Tier ist **sehr groß**.)
- Este texto es **larguísimo**.
- Esta mujer es **extraordinariamente paciente**.

Nu.	Genus	Adjektiv	Adjektiv mit **-c** im Stamm	Adjektiv mit **-g** im Stamm
Sing.	mask.	**Adjektiv + -ísimo**	**Adj.stamm + -quísimo**	**Adj.stamm + -guísimo**
	fem.	**Adjektiv + -ísima**	**Adj.stamm + -quísima**	**Adj.stamm + -guísima**
Plur.	mask.	**Adjektiv + -ísimos**	**Adj.stamm + -quísimos**	**Adj.stamm + -guísimos**
	fem.	**Adjektiv + -ísimas**	**Adj.stamm + -quísimas**	**Adj.stamm + -guísimas**

Unregelmäßig gesteigerte Adjektive

Positiv		Komparativ	Superlativ
bueno	(gut)	**mejor**	**el mejor**
grande	(groß)	**mayor; más grande**	**el mayor; el más grande**
malo	(schlecht)	**peor**	**el peor**
mucho	(viel)	**más**	-
pequeño	(klein)	**menor; más pequeño**	**el menor, el más pequeño**
poco	(wenig)	**menos**	-

Die Komparative **mayor** und **menor** werden vor allem bei Abstrakta, **más grande** und **más pequeño** werden bei Konkreta, vor allem bei messbaren Größen verwendet.

- El lujo tiene **mayor** *importancia* en nuestra vida que antes.
- *El coche* de Pedro es **más grande** que el coche de Paco.
- La familia tiene **menor** *importancia* en nuestra vida que antes.
- *El coche* de Pedro es **más pequeño** que el coche de Paco.

Die Stellung des Adjektivs (la posición del adjetivo)

In der Regel steht das Adjektiv unmittelbar nach dem Substantiv, das es näher bestimmt.

	Adjektive vor dem Substantiv	Adjektive nach dem Substantiv
Häufig verwendete Adjektive	Häufig verwendete Adjektive wie **mucho**, **otro** und **poco** stehen immer, **bueno**, **malo** und **grande** stehen meist vor dem Substantiv. **Bueno** und **malo** werden vor männlichen Substantiven im Singular häufig zu **buen** und **mal** verkürzt. **Grande** kann vor männlichen und weiblichen Substantiven im Singular zu **gran** verkürzt werden.	Die häufig verwendeten Adjektive können zur besonderen Hervorhebung dem Substantiv nachgestellt werden. Eine Verkürzung ist dann nicht möglich.
	• Leo un **buen** *libro*. • Tiene una **gran** *casa*.	• Leo un *libro* **bueno**. • Tiene una *casa* **grande**.
Näher bestimmte Adjektive		Näher bestimmte und damit hervorgehobene Adjektive (z.B. durch ein Adverb) stehen nach dem Substantiv. • María tiene una *casa particularmente* **bonita**.
Bedeutungsunterschiede voran- und nachgestellter Adjektive	Die folgenden Adjektive können dem Substantiv vorangestellt werden. Es liegt dann zu den nachgestellten Adjektiven ein Unterschied in der Bedeutung vor. • **antiguo** (ehemalig) • **caro** (lieb) • **grande** (bedeutend, großartig) • **pobre** (bedauernswert) • **simple** (bloß, nur) • María es una **antigua** *amiga mía*.	Die folgenden Adjektive können dem Substantiv nachgestellt werden. Es liegt dann zu den vorangestellten Adjektiven ein Unterschied in der Bedeutung vor. • **antiguo** (sehr alt) • **caro** (teuer) • **grande** (groß(gewachsen)) • **pobre** (arm, mittellos) • **simple** (einfach) • El coche de Miguel es un *coche* **antiguo**.
Mehrere Adjektive	Vor dem Substantiv können nur zwei Adjektive stehen, die durch **y** (bzw. vor **i-** und **hi-** durch **e**) verbunden werden.	Nach dem Substantiv können beliebig viele Adjektive stehen. Das letzte Adjektiv wird mit **y** (bzw. vor **i-** und **hi-** durch **e**) angeschlossen.
	• Es un **verde** y **húmedo** *paisaje*.	• Juan es un *niño* **guapo, amable** **e inteligente**.

Das Adverb (el adverbio)

Das Adverb (Umstandswort) dient zur näheren Bestimmung von Verben, Adjektiven und Adverbien (mit dem Adjektiv werden Substantive näher bestimmt).

Das Adverb ist stets unveränderlich und dient zur Definition der Art und Weise (adverbio de manera), des Ortes (adverbio de lugar), der Zeit (adverbio de tiempo), der Menge (adverbio de cantidad) und des Grades, der Intensität (adverbio de intensidad).

Ursprüngliche Adverbien (adverbios originarios)

Die ursprünglichen Adverbien haben keine besondere Form.	• He dormido **bien**. • He venido **aquí**.

Abgeleitete Adverbien (adverbios derivados)

Abgeleitete Adverbien hängen generell an die weibliche Form des Adjektivs die Endung -mente an.	• Trabaja **intensamente**. • Se puede comprender esta regla **fácilmente**.
Bei aufeinander folgenden abgeleiteten Adverbien hat nur das letzte die Endung –mente.	• Puede ser que el problema se resuelva **lenta** o **rápidamente**.
Die Adverbien stehen in den einfachen und zusammengesetzten Zeiten in der Regel nach dem Verb bzw. Prädikat.	• Me *gusta* **mucho** leer. • Me *ha ayudado* **mucho**.
Die Adverbien stehen in der Regel vor Adjektiven oder anderen Adverbien.	• Este libro es **muy** *interesante*. • Habla **muy** *bien* el español y el francés.
Zur Hervorhebung können die Adverbien an den Satzanfang oder an das Satzende treten.	• **Naturalmente**, me gusta leer. • Me gusta leer, **naturalmente**.

Die Steigerung des Adverbs (la comparación del adverbio)

Positiv (el positivo)

Der Positiv drückt aus, dass zwei oder mehr Wesen oder Dinge in Bezug auf ein Merkmal gleich sind; gleicher Grad.
Im Vergleichssatz wird das Adverb mit **como** angeschlossen.

- María y Mercedes cantan **maravillosamente**.
  (María und Mercedes singen **wunderbar**.)
- María se comporta *tan* **correctamente** *como* Mercedes.
  (María verhält sich *so* **korrekt** *wie* Mercedes.)

Gleichheit: (tan) + **Adverb** + (como)

Komparativ (el comparativo)

Der Komparativ drückt aus, dass zwei Wesen oder Dinge in Bezug auf ein Merkmal ungleich sind; ungleicher Grad.
Im Vergleichssatz wird der Komparativ mit **que** (im Deutschen mit *als*) angeschlossen.

- María canta **más maravillosamente** *que* Mercedes.
  (María singt **schöner** *als* Mercedes.)
- Estos libros se leen **menos fácilmente** *que* esos.
  (Diese Bücher lesen sich **weniger leicht** *als* jene.)

Steigerung: **más** + Adverb + (que)
Verminderung: **menos** + Adverb + (que)

Superlativ (el superlativo)

Der Superlativ drückt aus, dass von mindestens drei Wesen oder Dingen einem der höchste Grad eines Merkmals zukommt; höchster Grad.

- María es **la que** trabaja **más esmeradamente**.
  (María arbeitet **am sorgfältigsten**.)
- María y Mercedes son **las que** trabajan **menos esmeradamente**.

Nu.	Genus	Steigerung	Verminderung
Singular	maskulin	**el que más** + Adverb	**el que menos** + Adverb
	feminin	**la que más** + Adverb	**la que menos** + Adverb
Plural	maskulin	**los que más** + Adverb	**los que menos** + Adverb
	feminin	**las que más** + Adverb	**las que menos** + Adverb

Elativ (el elativo)

Der Elativ drückt einen sehr hohen Grad aus.
Das Spanische kennt beim Adverb keinen Elativ. Ein sehr hoher Grad wird durch **lo** + Superlativ + **posible** ausgedrückt.

> • Limpiaremos las alfombras **lo mejor posible.**
> • Tienes que trabajar **lo más esmeradamente posible.**

Unregelmäßig gesteigerte Adverbien

Positiv	Komparativ	Superlativ
bien	mejor	el mejor
mal	peor	el peor
mucho	más	Relativsatz, la mayoría de, la mayor parte
muy	más	Relativsatz
poco	menos	Relativsatz, muy poco

Mucho, muy und **poco** können keinen Superlativ bilden. Ein sehr hoher Grad wird hier durch einen Relativsatz oder bei **mucho** durch **la mayoría de, la mayor parte** und bei **poco** durch **muy poco** ausgedrückt.

> • **La que más** lee en nuestra familia es mi madre.
> (**Diejenige, die am meisten** in unserer Familie liest, ist meine Mutter.)
> • **La mayoría de** la gente no lo sabe.
> (**Die meisten** Leute wissen es nicht.)

Die Grundzahlen (los números cardinales)

Einer	Zehner		Hunderter, Tausender
0 cero	10 diez	20 veinte	100 ciento, cien
1 uno	11 once	21 veintiuno	101 ciento uno
2 dos	12 doce	22 veintidós	102 ciento dos …
3 tres	13 trece	23 veintitrés	200 doscientos
4 cuatro	14 catorce	24 veinticuatro	300 trescientos
5 cinco	15 quince	25 veinticinco	400 cuatrocientos
6 seis	16 dieciséis	26 veintiséis	500 quinientos
7 siete	17 diecisiete	27 veintisiete…	600 seiscientos
8 ocho	18 dieciocho	30 treinta	700 setecientos
9 nueve	19 diecinueve	31 treinta y uno	800 ochocientos
		32 treinta y dos …	900 novecientos
		40 cuarenta	1.000 mil
		50 cincuenta	1.001 mil uno …
		60 sesenta	1.002 mil dos …
		70 setenta	2.000 dos mil
		80 ochenta	3.000 tres mil …
		90 noventa	100.000 cien mil …
			200.000 doscientos mil …
			1.000.000 un millón …
			2.000.000 dos millones …

Vor weiblichen Substantiven wird **un** bzw. **ciento** zu **una** bzw. **cienta** (z.B.: **veintiuna** *horas*). **Ciento** steht, wenn Zahlen von 1- 99 folgen.

Die Ordnungszahlen (los números ordinales)

Einer	Zehner		Hunderter, Tausender	
	10° décimo	20° vigésimo	100°	centésimo
1° primero	11° undécimo	21° vigésimo primero	101°	centésimo primero
2° segundo	12° duodécimo	22° vigésimo segundo	102°	centésimo segundo
3° tercero	13° décimotercero	30° trigésimo	200°	ducentésimo
4° cuarto	14° décimocuarto	40° cuadragésimo	300°	trecentésimo
5° quinto	15° décimoquinto	50° quincuagésimo	400°	cuadringentésimo
6° sexto	16° décimosexto	60° sexagésimo	500°	quingentésimo
7° séptimo	17° décimoséptimo	70° septuagésimo	600°	sexcentésimo
8° octavo	18° décimoctavo	80° octogésimo	700°	septingentésimo
9° noveno	19° décimonoveno	90° nonagésimo	800°	octingentésimo
			900°	noningentésimo
			1.000°	milésimo
			2.000°	dos milésimo ...
			100.000°	cien milésimo
			200.000°	doscientos milésimo
			1.000.000°	millonésimo
			2.000.000°	dos millonésimo ...

Die Ordnungszahlen richten sich in Geschlecht und Zahl nach dem Wort, auf das sie sich beziehen. Als Ziffer geschrieben, wird der Ordnungszahl für männliche Substantive ° und für weibliche Substantive [a] hinzugefügt.

Die Bruchzahlen (los números quebrados)

Gemeine Brüche (las fracciones ordinarias)

Für die gemeinen Brüche gilt folgende Formel:	$$\frac{\text{Zähler}}{\text{Nenner}} = \frac{\text{Grundzahl}}{\text{Ordnungszahl}}$$

Ist die Grundzahl > 1, so erhält die Ordnungszahl ein Plural-s und richtet sich im Geschlecht nach ihrem Bezugswort. Bei der Verwendung von Bruchzahlen bevorzugt das Spanische, außer bei **cuarto**, eher die Umschreibung mit **parte**.

- $\frac{1}{5}$ un quinto
- $\frac{3}{7}$ tres séptimos
- $\frac{3}{7}$ las tres séptimas partes

Bei Brüchen, die eine ganze Zahl enthalten, wird zwischen der ganzen Zahl und dem Bruch **y** eingefügt.

- 2 2/5 dos y dos quintos
- 1 1/2 uno y medio
- 3 1/2 tres y medio

1/ 2 medio und **1/3 tercio** haben ihre eigene Form. **Medio** steht dabei ohne Artikel.

- Este paquete pesa **medio (1/2)** kilogramo.
- Posee **un tercio (1/3)** de esta casa.

Dezimalbrüche (las fracciones decimales)

Für die Dezimalbrüche gilt folgende Formel: **Grundzahl   Komma   Grundzahl**

Die Ziffern nach dem Komma werden in der Regel nicht einzeln gesprochen.

- **3,23   tres coma veintitrés**
- **52,40   cincuenta y dos coma cuarenta**

Die Uhrzeit (la hora)

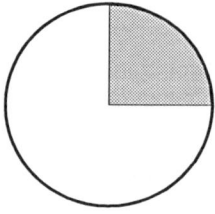   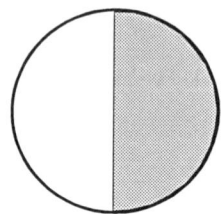   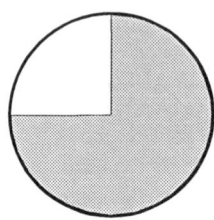

un cuarto de hora   media hora   tres cuartos de hora

¿Qué hora es?

   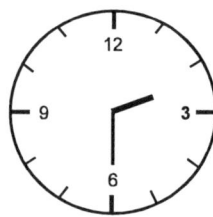   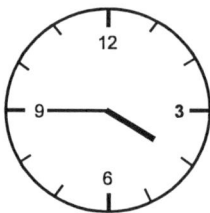

Es la una y cuarto.   Son las dos y media.   Son las cuatro menos cuarto.

Son las doce, es mediodía, es medianoche.   Son las nueve y veinte.   Son las diez menos veinte.

Das Personalpronomen (el pronombre personal)

Das Personalpronomen (persönliches Fürwort) vertritt Personen und Sachen.

Das unverbundene, selbständige Personalpronomen (el pronombre personal)

Das unverbundene oder selbständige Personalpronomen vertritt Personen, die Subjekt oder Objekt sind. Es steht ohne Verb.

Nu.	Pers.	Genus	Subjekt (Nominativ)	Genitiv	Indirektes Obj. (Dativ)	Direktes Obj. (Akkusativ)
Sing.	1	mask.	yo	de mí	a mí	(a) mí
		fem.				
	2	mask.	tú	de tí	a tí	(a) tí
		fem.				
	3	mask.	él	de él	a él	(a) él
		fem.	ella	de ella	a ella	(a) ella
Plur.	1	mask.	nosotros	de nosotros	a nosotros	(a) nosotros
		fem.	nosotras	de nosotras	a nosotras	(a) nosotras
	2	mask.	vosotros	de vosotros	a vosotros	(a) vosotros
		fem.	vosotras	de vosotras	a vosotras	(a) vosotras
	3	mask.	ellos	de ellos	a ellos	(a) ellos
		fem.	ellas	de ellas	a ellas	(a) ellas

Die Subjektpronomen werden meist weggelassen, da aus der konjugierten Verbform ersichtlich ist, um welche Person es sich handelt. Sie stehen nur zur Hervorhebung, häufig nach dem Infinitiv, dem gerundio, nach **como, que** und **entre.**

- **(Yo)** *compro* un libro.
- **(Tú)** *has dormido.*
- *Estando* **ella** con los niños, no estoy preocupado.
- ¿Tienes tanto trabajo *como* yo?
- Tengo más trabajo *que* tú.
- *Entre* **tú** y **yo** lo discutimos.

69

Das verbundene, unbetonte Personalpronomen (el pronombre personal átono)

Das verbundene oder unbetonte Personalpronomen vertritt Personen und Sachen, die Objekt sind und steht mit einem Verb.

Nu.	Pers.	Genus	Indirektes Objekt (Dativ)	Direktes Objekt (Akkusativ)
Sing.	1	mask.	me	me
		fem.		
	2	mask.	te	te
		fem.		
	3	mask.	le; se	le, lo
		fem.		la
		neutr.		lo
Plur.	1	mask.	nos	nos
		fem.		
	2	mask.	os	os
		fem.		
	3	mask.	les; se	les, los
		fem.		las

Die indirekten Objektpronomen le und les

Le und les vertreten Personen und Sachen, die indirektes Objekt sind.
Dabei vertritt le eine männliche oder weibliche Person oder Sache, les mehrere.

> • Escribo una carta *a Pepe*. – **Le** escribo.
> • Doy importancia *a estos libros*. – **Les** doy importancia.

Das indirekte Objektpronomen se

Treffen die indirekten Objektpronomen **le**, **les** auf ein direktes Objektpronomen (meist eine Sache), so werden sie durch **se** er-setzt.

> • Doy un libro *a Pedro*. - **Le** doy *un libro*. - **Se** *lo* doy.
> • Escribo una carta *a María y Mercedes*. **Les** escribo *una carta*. - **Se** *la* escribo.

Die direkten Objektpronomen le, les, lo, los und la, las

Le, les, lo, los und **la, las** vertreten Personen und Sachen, die direktes Objekt sind. Dabei vertreten **le** bzw. **les** eine bzw. mehrere männliche Personen, **lo** bzw. **los** vertreten eine bzw. mehrere männliche Personen oder Sachen.
La bzw. **las** vertreten eine bzw. mehrere weibliche Personen oder Sachen.

> • Busco a *Paco.* - **Le/lo** busco.
> • Busco a *Paco y Alfredo.* - **Les/los** busco.
> • Compro *un libro.* - **Lo** compro.
> • Compro *dos libros.* **Los** compro.
> • Busco a *María.* **La** busco.
> • Busco a *María y Mercedes.* **Las** busco.
> • Compro *una casa.* - **La** compro.
> • Compro *las casas.* **Las** compro.

Lo steht auch in neutraler Funktion für einen ganzen Satzinhalt (es) oder bezüglich eines unbestimmten Subjekts (**esto** etc.).

> • ¿Viene? - No **lo** sé.
> (Ob er kommt? - Ich weiß **es** nicht.)
> • ¿Qué es *esto?* - No **lo** sé.

Le, lo bzw. **les, los** dienen der Anrede einer bzw. mehrerer männlicher Personen, die direktes Objekt sind und die man siezt (Sie).
La bzw. **las** dienen der Anrede einer bzw. mehrerer weiblicher Personen.

> • *Señor García,* **le/lo** he visto.
> (*Señor García,* ich habe **Sie** gesehen.)
> • *Señores,* **les/los** he visto.
> (*Meine Herren,* ich habe **Sie** gesehen.)
> • *Señora García,* **la** he visto.
> (*Señora García,* ich habe **Sie** gesehen.)
> • *Señoras,* **las** he visto.
> (*Meine Damen,* ich habe **Sie** gesehen.)

Le bzw. **les** dienen der Anrede einer bzw. mehrerer Personen, die indirektes Objekt sind und die man siezt (Ihnen).
Sie werden durch **se** ersetzt, wenn sie auf ein direktes Objektpronomen treffen.

> • *Señor,* **le** doy el documento.
> (*Mein Herr,* ich gebe **Ihnen** das Dokument.)
> • *Señoras,* **les** doy el documento.
> (*Meine Damen,* ich gebe **Ihnen** das Dokument.)
> • Doy este documento *a usted (Vd.).*
> **Le** doy *este documento.* - **Se lo** doy.

Die Stellung des Personalpronomens (la posición del pronombre personal)

Für die Stellung der verbundenen, unbetonten Personalpronomen gilt in der Regel, dass die Pronomen, die eine Person bezeichnen vor die Pronomen, die eine Sache bezeichnen, treten.

	indirektes Obj.pron.	direktes Obj.pron.	Prädikat	Pedro **me lo**dice. Pedro **me lo**ha dicho.
	indirektes Obj.pron. **le, les →se**	direktes Obj.pron	Prädikat	**Se la** escribí.
Infinitiv	indirektes Obj.pron.	direktes Obj.pron		Pedro va a *llamar***te**. Pedro va a *explicár***telo**.
Gerundio	Pronomen			*Lavándo***me** el pelo se me cayó el jabón.
	Pronomen	**estar**	gerundio	**Me** *estoy preparando* para el examen.
Imperativ	indirektes Obj.pron.	direktes Obj.pron.		*Díga***selo**.
no	indirektes Obj.pron.	direktes Obj.pron.	Imperativ	*No* **se lo** *creas*.

Da sich die Betonung des Infinitivs, des gerundio und des Imperativs nicht ändern darf, wenn Pronomen angehängt werden, erhalten diese auf der betonten Silbe den Akzent.

Das Reflexiv- und Reziprokpronomen (el pronombre reflexivo y recíproco)

Das Reflexivpronomen (rückbezügliches Fürwort) und das Reziprokpronomen (Fürwort der Gegenseitigkeit) bezieht sich „zurück" auf das Subjekt, d. h. Pronomen und Subjekt bezeichnen dieselbe Person. Reflexiv- und Reziprokpronomen haben dieselbe Form, das Reziprokpronomen kommt nur im Plural vor.

Person/ Genus	1. Pers. Singular	2. Pers. Singular	3. Pers. Singular	1. Pers. Plural	2. Pers. Plural	3. Pers. Plural
mask. fem.	me	te	se	nos	os	se
			sí			sí

Die Reflexivpronomen stehen bei den reflexiven Verben.
Die Reziprokpronomen stehen zum Ausdruck der Gegenseitigkeit und werden nur im Plural verwendet.

- Pedro **se** *queja* siempre de su esposa.
- **Nos** *conocemos* desde hace mucho tiempo.
  (Wir *kennen* **einander** seit langer Zeit.)

Sí bezeichnet ein unbestimmtes Subjekt und wird meist durch **mismo** verstärkt.

- Nadie puede vivir por **sí** *mismo*.
- El egoísta piensa solamente en **sí** *mismo*.

Das Possessivpronomen (el pronombre posesivo)

Das Possessivpronomen (besitzanzeigendes Fürwort) drückt ein Besitzverhältnis aus.

Das unbetonte Possessivpronomen (el pronombre posesivo átono)

Das unbetonte Possessivpronomen bezieht sich auf Personen und Sachen und steht vor einem Substantiv.

Nu.	Pers.	Genus	Singular	Plural
Sing.	1	mask.	mi	mis
		fem.		
	2	mask.	tu	tus
		fem.		
	3	mask.	su	sus
		fem.		
Plur.	1	mask.	nuestro	nuestros
		fem.	nuestra	nuestras
	2	mask.	vuestro	vuestros
		fem.	vuestra	vuestras
	3	mask.	su	sus
		fem.		

Die Possessivpronomen richten sich in Geschlecht und Zahl nach dem Besitzobjekt und nicht nach dem Besitzer.

- *Pedro y Juan* dicen: <<Es **nuestra** *casa.*>>
- *María y Elena* dicen: <<Son **nuestros** *libros.*>>

Das betonte Possessivpronomen (el pronombre posesivo tónico)

Das betonte Possessivpronomen vertritt Personen und Sachen und richtet sich in Geschlecht und Zahl nach dem Substantiv, das es vertritt. Es steht nicht vor dem Substantiv.

Nu.	Pers.	Genus	Singular	Plural
Sing.	1	maskulin	mío	míos
		feminin	mía	mías
	2	maskulin	tuyo	tuyos
		feminin	tuya	tuyas
	3	maskulin	suyo	suyos
		feminin	suya	suyas
Plur.	1	maskulin	nuestro	nuestros
		feminin	nuestra	nuestras
	2	maskulin	vuestro	vuestros
		feminin	vuestra	vuestras
	3	maskulin	suyo	suyos
		feminin	suya	suyas

Das betonte Possessivpronomen steht nach Substantiven mit unbestimmtem Artikel.

- Tenemos que visitar a *un amigo* mío.
- Podemos tomar *un coche* mío.

In Verbindung mit dem bestimmten Artikel stehen die betonten Possessivpronomen in der Bedeutung von *der, die, das Meinige* etc.

- **Los suyos** son personas muy amables.
  (**Die Seinigen** sind sehr nette Leute.)

In der Bedeutung von *gehören* stehen die betonten Possessivpronomen mit **ser**.

- Este coche *es* mío.
  (Das Auto *gehört* **mir**.)

75

Das Demonstrativpronomen (el pronombre demostrativo)

Das Demonstrativpronomen (hinweisendes Fürwort) weist auf Personen oder Sachen. Man unterscheidet die Pronomen, die den Akzent tragen, sie stehen nicht vor einem Substantiv und die Pronomen, die keinen Akzent tragen, sie stehen immer vor einem Substantiv.

Nu.	Pers.	Genus	éste	ése	este	ese
Sing.	3	mask.	éste	ése	este	ese
		fem.	ésta	ésa	esta	esa
		neutr.	esto	eso		
Plur.	3	mask.	éstos	ésos	estos	esos
		fem.	éstas	ésas	estas	esas

	éste; este	ése; ese
Näher liegendes/ Ferner liegendes	**Éste** bzw. **este** weisen auf Personen oder Sachen in der Nähe (dieser). Dabei bezeichnen **éste; este** bzw. **éstos; estos** männliche Substantive im Singular bzw. Plural, **ésta; esta** bzw. **éstas; estas** bezeichnen weibliche Substantive im Singular bzw. Plural. • ¿Quién es *este hombre*? - ¿**Éste**? – No sé. • ¿De quién son **estas** *casas*?	**Ése** bzw. **ese** weisen auf Personen oder Sachen in der Ferne (jener). Dabei bezeichnen **ése; ese** bzw. **ésos; esos** männliche Substantive im Singular bzw. Plural, **ésa; esa** bzw. **ésas; esas** bezeichnen weibliche Substantive im Singular bzw. Plural. • ¿Quién es *ese hombre*? - ¿**Ése**? – No sé. • ¿De quién son **esas** *casas*?
Bezüglich eines ganzen Satzinhalts	**Esto** bezieht sich auf einen ganzen Satzinhalt (es, das) und trägt keinen Akzent. • **Esto** no me gusta nada. (**Das** gefällt mir gar nicht.)	**Eso** bezieht sich auf einen ganzen Satzinhalt (es, das) und trägt keinen Akzent. • Ocuparse de los niños y trabajar, **eso** sí que es un problema. (Sich um die Kinder zu kümmern und zu arbeiten, **das** ist wirklich ein Problem.)

Das Relativpronomen (el pronombre relativo)

Das Relativpronomen (bezügliches Fürwort) bezieht sich auf unmittelbar vorausgehende Substantive, die Subjekt, Genitivobjekt, indirektes oder direktes Objekt sind. Es leitet einen Nebensatz, den so genannten Relativsatz ein.

Rel.pron.	Nu.	Pers.	Genus	Subjekt	Genitiv	Indir. Obj.	Dir. Obj.
que	Sing.	3	mask.				
			fem.	que	de que	a que	que
	Plur.	3	mask.				
			fem.				
el que	Sing.	3	mask.	el que	del que	al que	el que
			fem.	la que	de la que	a la que	la que
			neutr.	lo que	de lo que	a lo que	lo que
	Plur.	3	mask.	los que	de los que	a los que	los que
			fem.	las que	de las que	a las que	las que
el cual	Sing.	3	mask.	el cual	del cual	al cual	el cual
			fem.	la cual	de la cual	a la cual	la cual
			neutr.	lo cual	de lo cual	a lo cual	lo cual
	Plur.	3	mask.	los cuales	de los cuales	a los cuales	los cuales
			fem.	las cuales	de las cuales	a las cuales	las cuales
quien	Sing.	3	mask.				
			fem.	quien	de quien	a quien	quien
	Plur.	3	mask.				
			fem.	quienes	de quienes	a quienes	quienes
cuyo	Sing.	3	mask.	-	cuyo	-	-
			fem.	-	cuya	-	-
	Plur.	3	mask.	-	cuyos	-	-
			fem.	-	cuyas	-	-

Rel.pron.	Nu.	Pers.	Genus	Subjekt	Genitiv	Indir. Obj.	Dir. Obj.
cuanto	Sing.	3	mask.	cuanto	-	a cuanto	cuanto
			fem.	cuanta	-	a cuanta	cuanta
			neutr.	cuanto	-	a cuanto	cuanto
	Plur.	3	mask.	cuantos	-	a cuantos	cuantos
			fem.	cuantas	-	a cuantas	cuantas

donde

cuando

	que	quien
Bezüglich Personen und Sachen	**Que** bezieht sich auf Personen oder Sachen und kann nur mit einem unmittelbar vorangehenden Substantiv stehen. • *El hombre* **que** ha olvidado su coche. • *Las casas* **que** venderé.	**Quien** bezieht sich auf Personen, nicht auf Sachen. Es steht mit und ohne vorangehendem Substantiv besonders nach Präpositionen. • Éste es *el hombre para* **quien** trabajo desde hace 10 años. • **Quien** lo crea, está equivocado.

el que	el cual
El que steht bezüglich Personen oder Sachen mit oder ohne vorangehendem Substantiv vor allem nach den Präpositionen **de, por, para**. • Éste es *el hombre para* **el que** trabajo desde hace 10 años. • **Los que** conocen a Antonio le quieren mucho.	**El cual** steht bezüglich Personen oder Sachen, vor allem nach den Präpositionen **de, por, para**. • Éstas son *las mujeres para* **las cuales** trabajo desde hace 10 años.

	lo que	lo cual
Bezüglich eines ganzen Satzinhalts	**Lo que** ist unveränderlich und bezieht sich auf einen ganzen Satzinhalt oder auf ein unbestimmtes Bezugswort wie **todo** oder **esto**.	**Lo cual** ist unveränderlich und bezieht sich auf einen ganzen Satzinhalt. Es wird seltener verwendet als **lo que**.

lo que	lo cual
• Yo sé **lo que** he visto. (Ich weiß, **was** ich gesehen habe.) • Esto es *todo* **lo que** tenía que decir.	• Tengo que levantarme muy temprano **lo cual** no me parece muy bien. (Ich muss sehr früh aufstehen, **was** mir nicht sehr gefällt.)

	cuyo	del cual
Zur Bezeichnung des Besitzverhältnisses	**Cuyo** bezeichnet ein (folgendes) Besitzobjekt, das eine Person oder Sache ist. • La madre **cuyo** *hijo* fue detenido ayer. (*Die Mutter*, **deren** Sohn gestern verhaftet wurde.) • El hombre **cuyas** *casas* fuen subastadas el otro día. (*Der Mann*, **dessen** Häuser neulich versteigert wurden.)	**Del cual** bezeichnet ein (vorangehendes) Besitzobjekt, das eine Person oder Sache ist. Nach Indefinitpronomen kann nur **del cual** stehen. • Mi hermano tiene *un amigo* la madre **del cual** fue detenida ayer. (Mein Bruder hat *einen Freund*, **dessen** Mutter gestern verhaftet wurde.) • Tiene muchos libros *algunos* de **los cuales** yo conozco muy bien. (Er hat *viele Bücher*, **von denen** ich einige sehr gut kenne.)

	cuanto	
Anzahl, Menge	**Cuanto** bezeichnet die Anzahl von Personen oder Sachen. Die neutrale Form **cuanto** bezeichnet die Menge und steht ohne Bezug auf ein vorangehendes Substantiv.	• No puedes imaginarte **cuantos** *turistas* han esperado en el aeropuerto. • No puedes imaginarte **cuantas** *casas* tiene. • Decía **cuanto** sabía.

	donde	cuando	que
Ort/Zeit	Zur Bezeichnung des Ortes kann es mit und ohne vorangehendes Substantiv stehen. • *La Universidad de Madrid* **donde** he estudiado. • **Donde** mejor se come es allí.	Zur Bezeichnung der Zeit steht es ohne vorangehendes Substantiv. • **Cuando** llegó mi padre fue un día de alegría. • Recuerdo **cuando** éramos chicos.	Zur Bezeichnung der Zeit steht es immer mit vorangehendem Substantiv. • *El día* **que** llegó mi padre fue un día de alegría.

Das Interrogativpronomen (el pronombre interrogativo)

Das Interrogativpronomen (Fragefürwort) leitet Fragesätze ein und fragt nach Personen oder Sachen, die Subjekt, indirektes oder direktes Objekt sind.

Int. Pron.	Nu.	Pers.	Genus	Subjekt	Indir. Obj.	Dir. Objekt
qué	Sing.	3	mask.			
			fem.	qué	a qué	qué
	Plur.	3	mask.			
			fem.			
quién	Sing.	3	mask.	quién	a quién	quién
			fem.			
	Plur.	3	mask.	quiénes	a quiénes	quiénes
			fem.			
cuál	Sing.	3	mask.	cuál	a cuál	cuál
			fem.			
	Plur.	3	mask.	cuáles	a cuáles	cuáles
			fem.			
cuánto	Sing.	3	mask.	cuánto	a cuánto	cuánto
			fem.	cuánta	a cuánta	cuánta
			neutr.	cuánto	a cuánto	cuánto
	Plur.	3	mask.	cuántos	a cuántos	cuántos
			fem.	cuántas	a cuántas	cuántas

cómo

cuándo

dónde

	qué	quién	cuál
In Fragen nach Personen oder Sachen	**Qué** fragt nach Personen oder Sachen ganz allgemein. Es steht mit einem folgenden Substantiv.	**Quién** fragt nach Personen (nicht Sachen). Es steht nicht vor einem Substantiv.	**Cuál** fragt nach Personen oder Sachen aus einer Gruppe. Es kann mit und ohne nachfolgendes Substantiv stehen.
	• ¿**Qué** *persona* has encontrado en la estación? (Was für eine *Person* hast du am Bahnhof getroffen?) • ¿**Qué** *libros* has comprado?	• ¿**Quién** es *este hombre?* (**Wer** ist dieser Mann?) • ¿**Quiénes** son *estas mujeres?*	• ¿**Cuál** *de estos niños* que están jugando en el jardín es tu hijo? (**Welcher** *dieser Jungen*, die im Garten spielen, ist dein Sohn?) • ¿**Cuál** es tu *casa?*

	qué	
In Fragen nach dem Satzinhalt	**Qué** fragt nach einem ganzen Satzinhalt.	• ¿**Qué** hacemos si no ha terminado el trabajo? (**Was** machen wir, wenn er die Arbeit nicht erledigt hat?)

	cómo	
In Fragen nach der Art, Weise	**Cómo** fragt nach der Art und Weise.	• ¿**Cómo** se puede resolver este problema?

	cuánto	
In Fragen nach der Anzahl, Menge	**Cuánto** fragt nach der Anzahl von Personen oder Sachen. Die neutrale Form **cuánto** fragt nach der Menge, ist unveränderlich und steht ohne Bezug auf ein Substantiv.	• ¿**Cuánto** *tiempo* ha tardado? • ¿**A cuántas** *personas* has encontrado en la ciudad? • ¿**Cuántos** *libros* has comprado? • ¿Puede Vd. decirme **cuánto** cuesta este libro?

	cuándo	dónde	qué
In Fragen nach der Zeit/ dem Ort	**Cuándo** fragt nach der Zeit.	**Dónde** fragt nach dem Ort.	**Qué** fragt nach der Uhrzeit und steht in der Wendung **qué hora?**
	• ¿*Para* **cuándo** puede Vd. terminar este trabajo?	• ¿**Dónde** está Vd.? • ¿*De* **dónde** viene Vd.?	• ¿**Qué** *hora* es? (**Wie viel Uhr** ist es?) • ¿**A qué** *hora* llegas?

Die Indefinitpronomen (los pronombres indefinidos)

Die Indefinitpronomen (unbestimmte Fürwörter) bezeichnen unbestimmte Personen oder Sachen.

Alguien, alguno und cualquiera

	alguien	alguno	cualquiera
Unbestimmte Personen, Sachen	**Alguien** bezeichnet eine unbestimmte Person ((irgend)jemand). Es ist unveränderlich.	**Alguno** bezeichnet unbestimmte Personen oder Sachen (irgendein). Im Plural bezeichnet es eine unbestimmte Anzahl (einige). Vor einem männlichen Substantiv im Singular wird es meist zu **algún** verkürzt.	**Cualquiera** bezeichnet unbestimmte Personen oder Sachen (irgendeiner, jeder beliebige). Vor einem (männlichen oder weiblichen) Substantiv im Singular wird es meist zu **cualquier** verkürzt.
	• **Alguien** quiere hablar con Vd. • Su padre es **alguien** bien enterado.	• He visto **algunas** *cosas* que no me han gustado. • ¿Has visto **algún** *libro* interesante?	• **Cualquier** *persona* puede hacer un trabajo así. • **Cualquier** *cosa* que hagas me da igual.

Ninguno und nadie

	ninguno	nadie
Unbestimmte Personen, Sachen	**Ninguno** bezeichnet unbestimmte Personen oder Sachen (keiner). Steht **ninguno** hinter dem Verb, so muss **no** vor das Verb treten, **no** entfällt, wenn **ninguno** vor das Verb tritt. Vor einem männlichen Substantiv im Singular wird es meist zu **ningún** verkürzt.	**Nadie** bezeichnet eine unbestimmte Person (niemand). Es ist unveränderlich. Steht **nadie** hinter dem Verb, so muss **no** vor das Verb treten, **no** entfällt, wenn **nadie** vor das Verb tritt.
	• *No* ha llamado **ninguno** de ellos. • No ha consultado a **ningún** *doctor.*	• *No* hay **nadie** en la calle. • **Nadie** dijo nada.

Nu.	Pers.	Genus	alguno		cualquiera		ninguno	
Sing.	3	mask.	alguno	(irgendein(er))	cualquiera	(irgendein(er))	ninguno	(kein(er))
			algún	(irgendein(er))	cualquier	(irgendein(er))	ningún	(kein(er))
		fem.	alguna	(irgendeine)	cualquiera	(irgendeine)	ninguna	(keine)
					cualquier	(irgendeine)		
Plur.	3	mask.	algunos	(einige)	cual(es)quiera	(irgendwelche)	ningunos	(keine)
		fem.	algunas	(einige)	cual(es)quiera	(irgendwelche)	ningunas	(keine)

Algo und nada

	algo	nada
Unbestimmte Sache	**Algo** bezeichnet eine unbestimmte Sache ((irgend)etwas). Es ist unveränderlich.	**Nada** bezeichnet eine unbestimmte Sache (nichts). Steht **nada** hinter dem Verb, so muss **no** vor das Verb treten, **no** entfällt, wenn **nada** vor das Verb tritt. Es ist unveränderlich.
	• Yo sé **algo** que tú no sabes. • ¿Has visto **algo** como esto?	• *No* puedo ver **nada**. • **Nada** sabemos de lo que ocurrió.

Cada und cada uno

	cada uno	cada
Jede einzelne Person oder Sache	**Cada uno** bezeichnet jede einzelne Person aus einer Gruppe (jeder). Dabei bezeichnet **cada uno** eine männliche, **cada una** eine weibliche Person.	**Cada** bezeichnet jede einzelne Person oder Sache aus einer Gruppe (jede, r, s). Es ist unveränderlich.
	• **Cada uno** de vosotros tiene su propia habitación. • **Cada una** de vosotras tiene su propia habitación.	• **Cada** *alumno* recibió un libro. • Me levanto **cada** *día* a las siete.

83

Uno

uno	
Unbestimmte Personen, Sachen	Uno bezeichnet unbestimmte Personen oder Sachen (einer; einige).	• **Una** de ellas me ha preguntado si tú vienes. • Ha escrito **unos** *libros*.

Person	Genus	Singular		Plural	
3	maskulin	**uno**	(einer)	**unos**	(einige)
	feminin	**una**	(eine)	**unas**	(einige)

Todo

	todo	todo el
„Alle" Personen oder Sachen/ das Ganze	**Todo** bezeichnet „alle" Personen oder Sachen (alle, jeder). Die neutrale Form **todo** bezeichnet ein Ganzes, die Gesamtheit und ist unveränderlich (alles).	**Todo el** bezeichnet „die ganzen, alle" Personen oder Sachen (der ganze; alle). Statt des bestimmten Artikels kann auch ein Possessiv- oder Demonstrativpronomen stehen. **Todo lo** bezeichnet ein Ganzes, die Gesamtheit. Es steht vor Adjektiven, Possessivpronomen oder mit **que** (alles) und ist unveränderlich.
	• Venid **todos** aquí. • **Todo** está en orden. (**Alles** ist in Ordnung.)	• **Toda** la *escuela* se burla de esta maestra. • Me creo **todo** lo *que* me digas. (Ich glaube **alles,** *was* du mir sagst.)

Nu.	Pers.	Genus	todo		todo el	
Sing.	3	mask.	**todo**	(jeder)	**todo el**	(der ganze)
		fem.	**toda**	(jede)	**toda la**	(die ganze)
		neutr.	**todo**	(alles)	**todo lo**	(alles)
Plur.	3	mask.	**todos**	(alle)	**todos los**	(alle)
		fem.	**todas**	(alle)	**todas las**	(alle)

84

Mucho, tanto und poco

	mucho	tanto	poco
„Viele"/ „wenige" Personen oder Sachen	**Mucho** bezeichnet „viele" Personen oder Sachen (viele). Zur Bezeichnung einer unbestimmten Menge (viel) ist es unveränderlich.	**Tanto** bezeichnet „so viele" Personen, Sachen (so viele). Zur Bezeichnung einer unbestimmten Menge (so viel) ist es unveränderlich.	**Poco** bezeichnet „wenige" Personen, Sachen (wenige). Zur Bezeichnung einer unbestimmten Menge (wenig) ist es unveränderlich.
	• **Muchos** lo saben. • Ha pasado **mucho** entretanto.	• ¡**Tantos** lo saben! • ¡Ha comprado **tantas** *cosas!*	• **Pocos** lo saben. • Ha pasado **poco** entretanto.

Nu.	Pers.	Genus	mucho		tanto		poco	
Sing.	3	mask.	**mucho**	(viele)	**tanto**	(so viele)	**poco**	(wenige)
		fem.	**mucha**	(viele)	**tanta**	(so viele)	**poca**	(wenige)
		neutr.	**mucho**	(viel)	**tanto**	(so viel)	**poco**	(wenig)
Plur.	3	mask.	**muchos**	(viele)	**tantos**	(so viele)	**pocos**	(wenige)
		fem.	**muchas**	(viele)	**tantas**	(so viele)	**pocas**	(wenige)

Otro und los demás

	otro	los demás
„Die anderen"/ „die übrigen" Personen, Sachen	**Otro** bezeichnet "andere" Personen oder Sachen (der andere). Es kann mit dem bestimmten, jedoch nicht mit dem unbestimmten Artikel stehen. **Lo otro** bezeichnet ein Ganzes und ist unveränderlich (das andere).	**Los demás** bezeichnet „die übrigen" Personen oder Sachen (die Übrigen). **Lo demás** bezeichnet ein Ganzes und ist unveränderlich (das Übrige).
	• Que venga **otro** en mi lugar. • He comprado **el otro** *coche.* • Dadme **otras** *cosas.* • **Lo otro** me gusta más.	• **Los demás** *pasajeros* están salvados. • **Las demás** *proposiciones* han sido desestimadas.

85

Nu.	Pers.	Genus	otro		los demás	
Sing.	3	mask.	(el) otro	(der, ein anderer)	-	
		fem.	(la) otra	(die, eine andere)	-	
		neutr.	lo otro	(das andere)	lo demás	(das Übrige)
Plur.	3	mask.	(los) otros	(die anderen)	los demás	(die Übrigen)
		fem.	(las) otras	(die anderen)	las demás	(die Übrigen)

Mismo, el mismo und lo mismo

	mismo	el mismo
„Gleiche" Personen oder Sachen	**Mismo** bezeichnet „die eigene" Person (selbst).	**El mismo** bezeichnet „die gleiche" Person oder Sache (der gleiche). **Lo mismo** bezeichnet ein Ganzes (dasselbe) und ist unveränderlich.
	• Lo va a hacer *él* **mismo**. • Lo van a hacer *ellas* **mismas**.	• *La vida* no es **la misma** de antes. • Hablar y hacer no es **lo mismo**.

Nu.	Pers.	Genus	mismo		el mismo	
Sing.	3	mask.	mismo	(selbst)	el mismo	(der gleiche)
		fem.	misma	(selbst)	la misma	(die gleiche)
		neutr.	-	-	lo mismo	(das Gleiche)
Plur.	3	mask.	mismos	(selbst)	los mismos	(die gleichen)
		fem.	mismas	(selbst)	las mismas	(die gleichen)

Die Präposition (la preposición)

Mit der Präposition (Verhältniswort) werden bestimmte Beziehungen gekennzeichnet.
Nicht jede Präposition kann in Verbindung mit jedem beliebigen Wort verwendet werden.
Häufig ändert die Präposition die Bedeutung eines Wortes.

Präposition	Räumlich	Zeitlich	Übertragen
a	an, nach, zu	um (Zeitpunkt)	nach, zu
ante	vor	vor	angesichts
antes de		vor	
bajo	unter		unter
con			mit
de	von, aus	in, bei	von, aus, wegen
debajo de	unter, unterhalb von		
delante de	vor		in Gegenwart von
dentro de	in(nerhalb)	in, innerhalb, binnen	
desde	aus, von, von ... aus	seit, von ... an	
después de		nach	
detrás de, tras	hinter		
durante		während	
en	an, auf, bei, in	in	an, auf, bei, in
encima de	auf, über, oberhalb		über
entre	zwischen	zwischen	zwischen, unter
frente a	gegenüber, vor		
fuera de	außerhalb		außer, ausgenommen
hacia	gegen, nach, auf, zu	gegen, etwa um	
hasta	bis	bis	bis
para	nach	an, zu	für, um, zu
por	nach	an, in, um	an, durch, für, wegen
sobre	auf, über		an, außer, gegen

Der Satz (la oración)

Die folgende Aufstellung zeigt die wichtigsten Satzarten und deren Wortstellung im Überblick.

Der bejahte Aussagesatz (la oración enunciativa afirmativa)

Im bejahten Aussagesatz wird ein Sachverhalt mitgeteilt bzw. behauptet. Es gilt generell:

Subjekt(pronomen) (S)	Prädikat (P)	Objekt (O)
• María	escribe	una carta.
• (Ella)	escribe	una carta.

Enthält der bejahte Aussagesatz ein direktes und ein indirektes Objekt, so steht das direkte Objekt in der Regel vor dem indirekten Objekt.

Subjekt	Prädikat	direktes Objekt	indirektes Objekt
• María	escribe	una carta	a su padre.

Enthält der bejahte Aussagesatz ein direktes und ein indirektes Objekt, so steht das direkte Objekt nach dem indirekten Objekt, wenn es länger ist als das indirekte Objekt. Dies gilt auch, wenn es sich bei den Objekten um Pronomen handelt.

Subjekt	Prädikat	indirektes Objekt	direktes Objekt
• María	escribe	a su padre	una carta de 50 páginas.

Subjekt(pronomen)	indir. Obj. pron.	dir. Obj. pron.	Prädikat
• Pedro	me	lo	ha dicho.

Der verneinte Aussagesatz (la oración enunciativa negativa)

Im verneinten Aussagesatz wird ein Sachverhalt verneint. Die Verneinung wird am häufigsten durch **no** ausgedrückt, das grundsätzlich vor dem Prädikat steht.

Subjekt(pronomen)	no	Prädikat	Objekt
• María	no	compra	un libro.
• (Ella)	no	ha comprado	un libro.

Wird das Objekt durch ein Pronomen ersetzt, so steht **no** vor dem Objektpronomen, auf das unmittelbar das Prädikat folgt.

Subjekt	no	Objektpronomen	Prädikat
• María	no	lo	ha comprado.

In Verbindung mit dem Infinitiv steht **no** unmittelbar vor diesem, auch wenn dem Infinitiv ein Objektpronomen angehängt wird.

Subjekt(pron.)	Prädikat	no	Infinitiv	Objekt
• (Yo)	lamento	no	entender	tales palabras.
• Pedro	espera	no	inquietarlo.	

Der Fragesatz (la oración interrogativa)

Im Fragesatz wird eine Frage formuliert, die durch Fragezeichen am Anfang und Ende des Satzes gekennzeichnet wird (¿?).

Bei der Inversionsfrage tritt das Subjekt(pronomen), das weggelassen werden kann, hinter das Prädikat.

Prädikat	Subjekt(pronomen)	adverbiale Bestimmung
• ¿Está	Pedro	en el jardín?
• ¿Está	(él)	en el jardín?

Bei der Intonationsfrage geht die Satzmelodie am Satzende nach oben. Diese Art der Fragestellung wird, vor allem in der gesprochenen Sprache, sehr häufig verwendet.

Subjekt(pronomen)	Prädikat	Objekt
• ¿María	ha encontrado	a tu hermana?
• ¿(Ella)	ha visto	esa película?

Fragen mit Fragewort enthalten ein Interrogativpronomen oder Fragewort, das in der Regel am Satzanfang steht. Das Subjekt(pronomen) tritt hinter das Prädikat.

Fragewort	Prädikat	Subjekt(pronomen)
• ¿Cuándo	llegas	(tú)?
• ¿Qué	ha dicho	María?

Fachausdrücke

A

Adjektiv (adjetivo)
bezeichnet eine Eigenschaft; *Eigenschafts-, Wiewort*

Adjektiv, attributives
(adjetivo atributivo)
Adjektiv, das beim Substantiv steht

Adjektiv, prädikatives
(adjetivo predicativo)
Adjektiv, das mit dem Substantiv durch ein Verb verbunden ist

Adverb (adverbio)
bezeichnet die Art und Weise, den Ort oder die Zeit, die Menge, den Grad, die Intensität; *Umstandswort*

Adverb, abgeleitetes
(adverbio derivado)
von einem Adjektiv abgeleitetes Adverb, das im Spanischen auf **-mente** endet

Aktiv (voz activa)
Handlung, die vom Subjekt durchgeführt wird; *Tatform, Tätigkeitsform*

Antonym (antónimo)
Wort, welches das Gegenteil ausdrückt; *Gegen(satz)wort*

Artikel (artículo)
Begleiter des Substantivs, der das Geschlecht des Substantivs angibt; *Geschlechtswort*

Artikel, bestimmter (artículo definido)
der, die, das bzw. **el, la**

Artikel, unbestimmter
(artículo indefinido)
ein, eine bzw. **uno, una**

Aussagesatz (oración enunciativa)

Satz, in dem ein Sachverhalt behauptet oder mitgeteilt wird

B

Bedingungssatz
→ Konditionalsatz

Befehlsform
→ Imperativ

Bestimmung, adverbiale
(complemento circunstancial)
Zeit-, Ortsangaben, Angaben der Art und Weise, des Grundes, der Ursache; *Umstandsbestimmung*

Bindewort
→ Konjunktion

D

Demonstrativpronomen
(pronombre demostrativo)
weist auf eine bestimmte Person oder Sache hin; *hinweisendes Fürwort*

Dingwort
→ Substantiv

E

Eigenschaftswort
→ Adjektiv

Eigenname (sustantivo propio)
Substantive, die Sachen und Personen bezeichnen, die einmalig sind

Elativ (elativo)
Steigerungsform des Adjektivs oder Adverbs, die einen sehr hohen Grad ausdrückt und im Spanischen auf **-ísimo** endet

Ergänzung, prädikative
(complemento predicativo)
Adjektiv oder Substantiv, das sich auf das Subjekt oder Objekt bezieht

F

Feminin(um) (femenino)

das weibliche der drei Genera

Frage, direkte (oración interrogativa directa)
Frage in der direkten Rede

Frage, indirekte (oración interrogativa indirecta)
Frage in der indirekten Rede

Fragefürwort
→ Interrogativpronomen

Fragesatz (oración interrogativa)
Satz, in dem eine Frage formuliert wird

Fragewort (partícula interrogativa)
Wort, mit dem eine Frage eingeleitet wird

Fürwort
→ Pronomen

Futur I
Zeitform zur Bezeichnung der Zukunft; *unvollendete Zukunft*

Futur II
Zeitform, die ausdrückt, dass zu einem Zeitpunkt in der Zukunft eine Handlung abgeschlossen sein wird; *vollendete Zukunft*

Futuro
Zeitform zur Bezeichnung von Vorgängen, die von der Gegenwart aus gesehen in der Zukunft liegen

Futuro Perfecto
Zeitform zur Bezeichnung von Vorgängen, die an einem Zeitpunkt der Zukunft abgeschlossen sein werden

G

Gegenwart
→ Präsens

Gegenwart, vollendete
→ Perfekt

Genus (Plural: **Genera**)
(género)

das grammatische Geschlecht eines Substantivs, Artikels, Adjektivs, Pronomens; *Geschlecht*

Gerundio
Verbform zur Bezeichnung eines Vorgangs im Moment des Sprechens oder an Stelle eines Nebensatzes

Geschlecht
→ Genus

Geschlechtswort
→ Artikel

Gliedsatz
→ Nebensatz

Grundform
→ Infinitiv

Grundstufe
→ Positiv

Grundzahl
eins, zwei, drei etc.

H

Hauptsatz (oración principal)
Teilsatz, der alleine stehen kann

Hauptwort
→ Substantiv

Hilfsverb (verbo auxiliar)
Verb, das zur Bildung der zusammengesetzten Zeiten und des Passivs gebraucht wird

I

Imperativ (imperativo)
Verbform, die eine Aufforderung, einen Befehl ausdrückt; *Befehlsform*

Imperfekt
→ Präteritum

Indefinitpronomen
(pronombre indefinido)
Pronomen, das eine unbestimmte Person oder Sache bezeichnet; *unbestimmtes Fürwort*

Indikativ (indicativo)
Verbform, die einen Zustand, Vorgang als tatsächlich, wirklich darstellt; *Wirklichkeitsform*

Indirekte Rede (estilo indirecto)
Aussagen einer Person A werden durch eine Person B an eine dritte Person C weitergegeben

Infinitiv (infinitivo)
nicht konjugierte Verbform; *Grund-, Nennform*

Interrogativpronomen (pronombre interrogativo)
Pronomen, das Fragesätze einleitet; *Fragefürwort*

Intonationsfrage (oración interrogativa con el verbo pospuesto)
Frage, in der die Satzmelodie am Satzende nach oben geht

Inversionsfrage (oración interrogativa con el verbo antepuesto)
Frage, bei der das Subjekt hinter das Prädikat tritt

K

Komparativ (comparativo)
Steigerungsform eines Adjektivs oder Adverbs, die den ungleichen, höheren Grad ausdrückt

Konditionalsatz (oración condicional)
Nebensatz, der eine Voraussetzung, Bedingung ausdrückt; *Bedingungssatz*

Konjugation (conjugación)
Abwandlung der Grundform von Verben bezüglich Person, Zeit und Modus; *Beugung*

Konjunktion (conjunción)
Wort, das zur Verbindung von Haupt- und Nebensätzen dient; *Bindewort*

Konsonant (consonante)

Laut (Buchstabe), für dessen Aussprache noch ein anderer Laut benötigt wird, also alle außer den Vokalen; *Mitlaut*

L

Leideform
→ Passiv

M

Maskulin(um) (masculino)
das männliche der drei Genera

Mitlaut
→ Konsonant

Modalverb (verbo modal)
Verb, das mit dem Infinitiv eines anderen Verbs verbunden ist

Modus (modo)
Aussageweise (Indikativ, Konjunktiv, Konditional und Imperativ)

Möglichkeitsform
→ Konjunktiv

N

Nebensatz (oración subordinada)
Teilsatz, der nicht alleine stehen kann; *Gliedsatz*

Nennform
→ Infinitiv

Nennwort
→ Substantiv

Neutrum (neutro)
das sächliche der drei Genera

Nomen
→ Substantiv

Numerus (número)
Singular oder Plural eines Verbs oder Substantivs; *(An)Zahl*

O

Objekt (objeto)

Satzglied im Genitiv, Dativ oder Akkusativ

Objekt, direktes (objeto directo)
Satzglied, das im Spanischen ohne Präposition oder mit **a** an das Verb angeschlossen wird

Objekt, indirektes (objeto indirecto)
Satzglied, das im Spanischen mit der Präposition **a** an das Verb angeschlossen wird

Ordnungszahl
der erste, der zweite, der dritte etc.

P

Partizip Präsens
Partizip, das im Deutschen an der Endung *-end (z. B. gehend)* zu erkennen ist

Partizip Perfekt
Verbform, die zur Bildung der zusammengesetzten Zeiten benötigt wird *(z. B. gegangen, gesessen)*

Passiv (voz pasiva)
im Passiv wird eine Handlung nicht selbst vom Subjekt ausgeführt; *Leideform*

Perfekt
Zeitform, die den Vollzug, Abschluss eines Vorgangs ausdrückt; *Vorgegenwart, vollendete Gegenwart*

Personalpronomen (pronombre personal)
Pronomen, das eine Person bezeichnet; *persönliches Fürwort*

Plural (plural)
Mehrzahl

Pluscuamperfecto
Zeitform zur Bezeichnung eines Vorgangs der Vergangenheit, der beendet war, bevor ein anderer einsetzte

Plusquamperfekt
Zeitform zur Bezeichnung eines Vorgangs der Vergangenheit, der beendet war, bevor ein anderer einsetzte; *Vorvergangenheit*

Positiv (positivo)
Vergleichsform des Adjektivs oder Adverbs zum Ausdruck des gleichen Grades; *Grundstufe*

Possessivpronomen (pronombre posesivo)
Pronomen, das ein Besitzverhältnis bezeichnet; *besitzanzeigendes Fürwort*

Prädikat (predicado)
Verb des Satzes, das aus Vollverb oder aus Hilfsverb und Vollverb bestehen kann; *Satzaussage*

Präposition (preposición)
bezeichnet die Beziehung, das Verhältnis zwischen Wörtern; *Verhältniswort*

Präsens
Zeitform, die den Ablauf eines Vorgangs in der Gegenwart ausdrückt; *Gegenwart*

Präteritum
Zeitform, die ausdrückt, dass ein Vorgang abgeschlossen, beendet ist; *1. Vergangenheit*

Presente
Zeitform, die die Gegenwart bezeichnet

Pretérito Anterior
Zeitform zur Bezeichnung eines Vorgangs der Vergangenheit, der beendet war, bevor ein anderer einsetzte

Pretérito Imperfecto
Zeitform zum Ausdruck gleichzeitig verlaufender Vorgänge oder noch andauernder Vorgänge

Pretérito Perfecto

91

Zeitform zur Bezeichnung eines Vorgangs der Vergangenheit

Pretérito Indefinido
Zeitform, die völlig abgeschlossene Vorgänge der Vergangenheit bezeichnet

Pronomen (pronombre)
Begleiter oder Stellvertreter des Substantivs; *Fürwort*

Pronomen, attributives (pronombre atributivo)
Pronomen, das nicht ohne Substantiv stehen kann

Pronomen, substantivisches (pronombre)
Pronomen, das ohne Substantiv steht

R

Reflexivpronomen (pronombre reflexivo)
Pronomen, das dieselbe Person wie das Subjekt bezeichnet; *rückbezügliches Fürwort*

Relativpronomen (pronombre relativo)
Pronomen, das sich auf ein vorausgehendes Substantiv bezieht; *bezügliches Fürwort*

Relativsatz (oración relativa)
Nebensatz, der durch ein Relativpronomen eingeleitet wird

Reziprokpronomen (pronombre recíproco)
Pronomen, das die Gegenseitigkeit ausdrückt

S

Satzaussage
→ Prädikat

Satzgefüge (período caúsula)
Satz, der aus mindestens einem Hauptsatz und einem Nebensatz besteht

Satzgegenstand

→ Subjekt

Sein-Passiv
→ Zustandspassiv

Selbstlaut
→ Vokal

Singular (singular)
Einzahl

Subjekt (sujeto)
Satzglied, das eine Handlung ausführt

Substantiv (sustantivo)
Wort, das ein Lebewesen, eine Pflanze oder einen Gegenstand bezeichnet; *Nomen, Nenn-, Ding-, Hauptwort*

Suffix (sufijo)
Nachsilbe

Superlativ (superlativo)
Steigerungsform des Adjektivs oder Adverbs, die den höchsten Grad ausdrückt

Synonym (sinónimo)
(annähernde) Bedeutungsgleichheit von Wörtern

Syntax (sintaxis)
(Lehre vom) Satzbau

T

Tatform
→ Aktiv

Tätigkeitsform
→ Aktiv

Tätigkeitswort
→ Verb

Tempus (Plural: **Tempora**) (tiempo)
Zeit(form)

Tunwort
→ Verb

U

Umlaut
ä, ö, ü

Umstandsbestimmung
→ Bestimmung, adverbiale

Umstandswort
→ Adverb

V

Verb (verbo)
bezeichnet einen Zustand oder Vorgang, eine Tätigkeit oder Handlung; *Zeitwort, Tätigkeitswort, Tunwort*

Verb, intransitives (verbo intransitivo)
Verb ohne Objektergänzung

Verb, reflexives (verbo reflexivo)
Verb mit einem Reflexivpronomen

Verb, reziprokes (verbo recíproco)
Verb, dessen Pronomen ein wechselseitiges Verhältnis angibt

Verb, transitives (verbo transitivo)
Verb mit einem Objekt

Verb, unpersönliches (verbo impersonal)
Verb, das nur in der 3. Person Singular verwendet werden kann *(es regnet)*

Vergangenheit
→ Präteritum

Verhältniswort
→ Präposition

Vokal (vocal)
Laut (Buchstabe), für dessen Aussprache kein anderer Laut benötigt wird *(a, e, i, o u); Selbstlaut*

Vollverb (verbo)
Verb, das das Prädikat alleine bilden kann

Vorgangspassiv (pasiva con ser)
Passiv, das eine Handlung, einen Vorgang ausdrückt; *werden-Passiv*

Vorgegenwart
→ Perfekt

Vorvergangenheit
→ Plusquamperfekt

W

Werden-Passiv
→ Vorgangspassiv

Wiewort
→ Adjektiv

Wirklichkeitsform
→ Indikativ

Z

Zeit, einfache (tiempo simple)
ohne Hilfsverb gebildete Zeit

Zeit, zusammengesetzte (tiempo compuesto)
mit einem Hilfsverb gebildete Zeit

Zeitwort
→ Verb

Zukunft, unvollendete
→ Futur I

Zukunft, vollendete
→ Futur II

Zustandspassiv (pasiva con estar)
Passiv, das einen Zustand ausdrückt; *sein-Passiv*

INDEX

94

Neben der **Neuen Spanischen Grammatik** *Kompakt* sind die folgenden Sprachen verfügbar:

Neue Englische Grammatik *Kompakt*
Neue Französische Grammatik *Kompakt*
Neue Italienische Grammatik *Kompakt*

Das Verlagsprogramm **Neue Sprachen** umfasst des weiteren die folgenden Titel:

Titel	Umfang	ISBN	DM
Neue Englische Grammatik	421 Seiten	3-9803483-2-6	49,90
Neue Französische Grammatik	512 Seiten	3-9803483-1-8	49,90
Neue Spanische Grammatik	408 Seiten	3-9803483-3-4	49,90
Neue Italienische Grammatik	509 Seiten	3-9803483-4-2	49,90
Neue Englische Grammatik Grundlagen	240 Seiten	3-931104-79-6	28,90
Neue Französische Grammatik Grundlagen	240 Seiten	3-931104-80-X	28,90
Neue Spanische Grammatik Grundlagen	224 Seiten	3-931104-81-8	28,90
Neue Italienische Grammatik Grundlagen	240 Seiten	3-931104-82-6	28,90
Die Französische Konjugation	256 Seiten	3-931104-70-2	19,80
Die Spanische Konjugation	256 Seiten	3-931104-71-0	19,80
Die Italienische Konjugation	256 Seiten	3-931104-72-9	19,80
Die Französische Konjugation Kompakt	96 Seiten	3-931104-73-7	7,80
Die Spanische Konjugation Kompakt	95 Seiten	3-931104-74-5	7,80
Die Italienische Konjugation Kompakt	96 Seiten	3-931104-75-3	7,80
Neue Englische Übungsgrammatik	224 Seiten	3-931104-88-5	28,90
Neue Englische Übungsgrammatik Lösungsheft	126 Seiten	3-931104-94-X	12,80
master trainer Französisch Konjugation – Diskette		3-931104-16-8	55,--
master trainer Französisch Konjugation – CD-Rom		3-931104-17-6	55,--
master trainer Spanisch Konjugation – Diskette		3-931104-34-6	55,--
master trainer Spanisch Konjugation – CD-Rom		3-931104-35-4	55,--
master trainer Italienisch Konjugation – Diskette		3-931104-52-4	55,--
master trainer Italienisch Konjugation – CD-Rom		3-931104-53-2	55,--

Ausführliche Informationen befinden sich im dnf-Verlagsverzeichnis. Fragen Sie in Ihrer Buchhandlung oder direkt bei: **dnf-Verlag**
Ulmer Str. 123
73037 Göppingen
Tel.: 07161/68 98 0 Fax: 68 77 2